JN167838

400年の歳月を超えて、「新しい歌舞伎」の芽生え

「はじめに」ということなので、まずは歌舞伎誕生にまつわる話から。

京都では「出雲の阿国」、江戸では「市川團十郎」。この二人が、そもそも歌舞伎の開祖であるというのが定説になっている。

だが、実はもう一人、開祖といえる人物が存在するという話が、中村家には伝わっている。

その名を「猿若の彦作」という。

「猿若の舞」という一座を束ねて、阿国より一足早く四条河原に旗揚げし、人気を得ていた。「彦作」というのは実は苗字で、フルネームは「彦作道順」（だがこれとても本名ではない）。猿に似た風情と振舞の様子から、「猿若」と呼ばれるようになったものだが、仲間内では「道順さま」と崇められていた。

やがて一座を連れて旅に出ると、いつの頃からか、本名を名乗るようになる。

その名は、「中村勘三郎」。

初代中村勘三郎の出発点である。

歌舞伎

芸と血筋の熱い裏側

喜熨斗 勝

講談社ビーシー／講談社

「中村勘三郎一座」は長い旅を経て、人気の波に乗るようにして江戸に入ってからは、時の将軍・徳川秀忠の庇護を受け、家光の代になると、江戸は中橋南地《なかばしなんち》（現在の中央区京橋辺り）で「猿若座」の開場を許された。

8年後には「江戸城に近すぎる」という理由で、猿若座は禰宜町《ねぎまち》（現在の日本橋堀留町辺り）に移されたが、相変わらず盛況であった。

家光の謡や能狂言好きは有名で、猿若一座も毎夜、城内に呼び入れられ興行を行っている。

寛永十一年（1634年）には、勘三郎の名を世に知らしめる大きな出来事が起きる。

三代将軍・家光公による御座船「安宅丸《あたけまる》」の進水式が行われたのである。その初航海に中村勘三郎が同行し、船中での催事一切を任され、伊豆沖から江戸前の海である品川までの航海を、歌と舞とで鼓舞したと伝わっているのだ。

この安宅丸の建造は、後の「徳川水軍」の礎となったもので、”歌“と”舞“とを”技“で結ぶ、中村勘三郎の芸こそが、歌舞伎の祖と称するに相応しいものといえるのではないだろうか。

初代中村勘三郎の芸は、約400年の歳月を超えて今日、十九代目となるであろう中村勘九郎と七之助の兄弟に受け継がれている。

「新しい歌舞伎」の芽生えは、もうすぐ目の前に迫っている。

参照『猿若の舞 初代勘三郎』東郷隆著 新潮社

はじめに

海老蔵と花形役者たち

二　猿之助と花形役者たち

三 梨園の女たちは何をしているのか

浅草 歴史はこの地で刻まれてきた

四 歌舞伎役者の裏の苦労と私生活

五　もっと知りたい歌舞伎界の「あれこれ」

※本書記載の人物の年齢は、2018年12月10日現在のものです。

［編集・制作］有限会社プロップ・アイ
［装丁・本文デザイン］小野寺勝弘
［写真］齋藤芳弘・西崎進也

海老蔵と花形役者たち

市川海老蔵

「自分には何が足りないか」を必死に考えている

あの日のあの場面は、後世まで、こう語り継がれていくだろう。

「それは歌舞伎に関わる全ての人々、観客、そして未来の歌舞伎ファンにとって、特別な物語が始まった瞬間だった」


その日、少年は宙を舞った。

4歳の小さな体は、父に支えられて床を離れた。

「海老蔵・勸玄、親子の宙乗り」だ。

本当は、勸玄の体は、父に抱かれていたわけではなかったが、人々にはそう見えた。

それぞれ別々の鋼線、ワイヤーで、父と子はピタリと寄り添う位置で吊上げられていたのだ。それでも、父の体から伝わる"熱"は少年を奮い立たせるに充分であった。

父は演ずるとき、いつも熱かった。

抱かれると、10kgを超えるほどの衣装の厚みを透して体温が伝わる程であった。

今日、歌舞伎の世界の期待を背負う父子は、1800人を超える観客の頭上にいた。

天井近くから見下ろすと、皆、顔を上げて上空の二人の動きを注視していた。

「見られている」

その感覚は、空中の父子に心地の良い緊張を呼び起こし、文字通り"宙を舞う心地"であった。

父が「ママ来てるよ」と小声で言い、
子は「ウン、見てるね」と答えた。

密かに交わされたこの会話、わずかな唇の動きに、気づいた人は少なかっただろう。

この時、父の頬を伝ったのは、涙だったのか——。

妻、そして、母へのレクイエム

海老蔵の妻「麻央」は、2週間前に他界し、勸玄は母を失った。

この「父子宙乗り」は、〝妻〟への、そして〝母〟へのレクイエムでもあったのだ。

不幸があって数日後のこと、急きょ発表された特別な一幕——普通なら到底不可能と思われる趣向だったが、歌舞伎界にとって〝特別な父子〟の意向とあって、総力を挙げての企画実現となった。

「成田屋ァ」

「カンカン頑張れ！」

２０１７年７月、まさに割れんばかりの拍手と声援が歌舞伎座に満ち満ちて、この興奮はテレビ電波とネットに乗って、全国に広がっていった。


歌舞伎界の次の大黒柱といわれる海老蔵。彼がその前名である「新之助」から、十一代目「市川海老蔵」を襲名したのは、２００４年5月からの歌舞伎座公演であった。演目には歌舞伎十八番をずらりと並べ、特に6月の夜の部では、「助六」の助六を演じる若き海老蔵に多くの声援が寄せられた。

「海老蔵君には、スターの素質〝華〟がある」

「海老蔵さんはナイスガイ。歌舞伎の宝物です。大事に育ててほしい」
人間国宝　中村吉右衛門
人間国宝　澤村田之助

大先輩から、惜しげもないメッセージを受け、海老蔵自らはこう語っている。

「盤石の決意と覚悟をもって襲名に臨みます。普通の決意では足りない。"盤石の決意"です。良い言葉でしょう。盤石の決意。これで大丈夫です」

歌舞伎の未来を担う"若きプリンス"の力強い宣言は、多くのファンの胸を打った。

歌舞伎界を揺るがす大事件

と、ここまでは、ヤンチャな私生活がマスコミで話題になることが多かったとはいえ、海老蔵の役者人生は、きわめて順調だった。

しかし、２０１０年、海老蔵は歌舞伎界を揺るがすほどの大トラブルに巻き込まれてしまう。11月25日の午前5時過ぎ、海老蔵の言動や飲み方、飲ませ方にカッとなった当時26歳の元暴走族の男から暴行を受け、顔面全体に大ケガを負ってしまった。

その後、「事件」は示談となり、原因と事の詳細には不明な点が多いが、海老蔵の側に、灰皿に注いだ酒を飲めと相手に強いる等の傲慢な行状があったと報じられている。


この「事件」に関して、私も複数のマスコミからコメントを求められた。あれには困った。自分も歌舞伎の世界で生を受けた一人だから、偉そうにとっちめて非難するなんてできないし、かといって、庇いだてするほうに加担などしたら、絶対に海老蔵のためにならない。

亡くなった團十郎は、とにかく怒っていた。

あんな飲み方、遊び方は、分かっていないから。役者として、やって恰好のいいこと、恰好の悪いこと、世間様にみっともないことが分かっていないから。

「お前は驕っているんだ!」

父・團十郎は、それはもう厳しく海老蔵を叱り、予定されていた一切の舞台から降ろし、謹慎・休業させた。あれが、あの時の一番良い対処だったと思う。

そして、麻央夫人が、その間の海老蔵を支えた。献身的に尽くし、海老蔵を変えてくれた。包みこむようにして、海老蔵を変えていった。ありがたいことだ。

なんといっても、市川團十郎家の御曹司だから、海老蔵があんなまま愚行を続けていたら、大変。あれは海老蔵個人の勝手な振るまいだから大目に見てくれ、とはいかない。市川團十郎家というのは、歌舞伎そのものなのだから。

海老蔵が背負う重圧と苦しい現実

團十郎は突出した大きな名跡であり、歌舞伎界を良い方向へ導く活動をしなくてはならない。

専門的な意味での芸の良さ、上質さも必要で、さらに、江戸歌舞伎伝統のエネルギッシュな部分も大いに期待される。

そこへ向けて今、海老蔵自身が「自分には何が足りないか」を一生懸命に考えている。「どうすれば、足りない部分を育てられるか」と。

父の十二代は、十一代から受け継いだ芸を自分なりにいろいろと研究して、納得した形で観客に見てもらうことを地道にやってきた。それだけに、十二代ならではの芸というものがハッキリしている。

これを、十三代になる海老蔵に、どれだけ渡せていたか。

実は、ほとんど渡せていないだろう。渡すまでに病気になり、2013年に亡くなってしまった。

「まだまだ、父にいてほしかった」

これが海老蔵の正直な気持ちだろう。

もちろん、海老蔵が教えを乞えば、他の一門の長老だって喜んで教えてくれる。が、やはり、違う。他家で教わったことをなんとか自分なりに身に付けていくことと、父・團十郎から直接教わることに自分の何かを加えて形にしていくことは、本質的に全く違う。

だから海老蔵は、歌舞伎界最高の名跡である團十郎を継がなければならないという重圧に加えて、もう一つ、苦しい現実を背負っている。父から直接、芸を継承する機会はもうない。その現実に苦しんでいる。

辛い時に支えてくれる麻央さんも、逝ってしまった。

しかし、それでも海老蔵は、頭の中で在りし日の父の芸とその姿、形をくり返し思い浮かべ、学び、そこから自分なりの團十郎を作り上げていくに違いない。そしてその芸を、勧玄に継いでいくためにも、命を懸けて精進していくだろう。

その姿こそが、市川團十郎なのだ。

三島由紀夫が存命であれば……

襲名で最も大変なのは、なんといっても市川宗家、團十郎の襲名だ。海老蔵本人が「俺もそろそろ」とは絶対に言えないから、誰かが音頭を取ってくれないと話が進まない。でも音頭をとるってことは團十郎より目線が上というか格上ってことだから、歌舞伎界の中ではなかなか出来ない。

今、内輪でそれを言い出せるとすれば、四代目坂田藤十郎しかいない。でも、できれば外の人が言い出してくれたほうがいい。そして最終的に藤十郎の了解を得る、という形が一番いいだろう。

では外の人は誰がいいのか。昔だったら菊池寛とか、そういう人。もし三島由紀夫が存命であれば、適役だったと思われる。三島が「そろそろ海老蔵君を團十郎にさせないと」とか「次の團十郎を育てたらどうか」と言い出して、みなさんの賛同を得て話が進んで行く。今、そういう音頭取りをして誰もが納得する人といったら、瀬戸内寂聴さんだろうか。寂聴さんが声を出してくれたら、嬉しいことだ。

もう一人挙げるとすれば、寂聴さんの親しい友人でもあるドナルド・キーンさん。日本の古典文化の研究で名高い、コロンビア大学名誉教授のキーンさんは、歌舞伎や能の研究では世界的な第一人者なので、新團十郎推挙人としては適役。

もう一つ、手がある。それはオリンピック。２０２０年に開催される東京オリンピック・パラリンピックに関連する様々なイベントのシンボルとして新團十郎を誕生させる。東京のシンボルとして世界を回ってもいい。海老蔵はエキゾチックで見栄えもいいから、きっと世界でも受けるだろう。

これは大襲名になる。オリンピックと響き合うことで、相乗効果で、国民も一層盛り上がる。その盛り上がりは、オリンピックにとっても大きなプラスになると思う。

歌舞伎界が総動員で勸玄を育てる

勸玄。この子は大丈夫。勸玄には叔母さんである市川ぼたんさんがついている。

ぼたんさんは海老蔵の妹で１９７９年生まれ。彼女の本名は堀越智英子といって、舞踊家で女優。２００６年に日本舞踊市川流の三代目市川ぼたんを襲名していて、草彅剛の舞台「瞼の母」などにも出演している。

市川海老蔵と勸玄くんが2018年「七月大歌舞伎」合同取材会に出席

ぼたんさんは基本がしっかりできている踊りを踊る人で、上手い人。性格的にもしっかりした人で、しかも表にしゃしゃり出てこない。

このぼたんさんが勸玄に、踊りと芸の初歩を上手に教えるだろう。

もちろん、父である海老蔵がすべて指導するのは当然のこと。海老蔵はご存知のように、やんちゃだった時代に酒やら何やらでトラブルを起こしている。だから、その辺のところも、勸玄が道を踏み外さないよう、自らの体験から生まれる説得力のある指導をしていくだろう。

そして将来的には、歌舞伎界が総動員で勸玄を育てることになる。

なんといっても、次の次に團十郎を継ぐであろう勸玄は、歌舞伎界の「宝」なのだから。大黒柱に育ってもらわないと困る存在なのだ。

松本白鸚・幸四郎・市川染五郎
役者としての「生き様」を継いでいく

松本幸四郎一家　浅草で「高麗屋」親子３代同時襲名のお練りと成功祈願

２０１８年１月と２月の歌舞伎座の襲名披露公演は大盛況だった。松本幸四郎が二代目松本白鸚を、市川染五郎が十代目松本幸四郎を、松本金太郎が八代目市川染五郎を、それぞれ継いだわけだが、実はこれ、37年前に全く同じことをやっている。

その時に初めて幸四郎の上に白鸚という名をつくり、終生幸四郎を名乗るはずだった先代が「俺は初代松本白鸚だ」と宣言した。これは息子の染五郎を、自分が存命中にもかかわらず幸四郎へと引き上げるため。すると同時に孫の金太郎は染五郎へと上がる。父はともかく、子、孫が同時に歌舞伎界での格がワンランク上がる。

こんなことが出来たのは代々直系の男子が続

いている松本幸四郎家（高麗屋）だからこそ。今回も、現役の役者・直系三代が揃って の見事な同時襲名となった。

その襲名公演の『勧進帳』で演じた新幸四郎の武蔵坊弁慶。あれにはちょっと驚いた。「こんな弁慶、見たことない」「綺麗な弁慶、艶のある弁慶！」ってね。

新白鸚が見せてきた「迫力ある弁慶」をしっかりと受け継ぎながら、染五郎時代に自分が培った若いイメージを加えている。ずっと前から「幸四郎になったら、どんな弁慶を演じようか」と考え続けていたのだろう。

彼は何を演っても綺麗。「武蔵坊弁慶に美という要素を加えると、なるほど、こんな風になるんだ」と、新幸四郎に新しい勧進帳を見せてもらった。

高麗屋三代が受け継いでいくもの

ところで、襲名とはいったい何なのか。ただ先代と同じ名を名乗ることなのか。そうではなく、歌舞伎界の襲名は、やはりその家に伝わる芸と芸風を継ぐこと。

しかし、松本幸四郎家に関して言えば、もう一つ違った意味合いがあるように感じる。

それは役者として「生き様」を継ぐ、とでもいえるだろうか。

二代目松本白鸚は、歌舞伎役者としてよりも、『ラ・マンチャの男』や『王様と私』などのミュージカルや舞台で、英語も堪能な国際派のアクターというイメージを持つ方も多いだろう。松竹を離れて東宝に所属した時期もあり、歌舞伎界ではかなり変わった、多方面でチャレンジを続ける役者さんだ。

息子の十代目松本幸四郎はどうかといえば、これがまた改革精神が旺盛な男。「今の歌舞伎をもう一段育てたい」「古典を進化させるようになりたい」「歌舞伎を世界に発信していきたい」とは、よく彼が口にする言葉だ。今の歌舞伎に対する危機感も強く持っていて、変わっていかなければならない、そのために何を、どうすればいい、と常に考え続けている男だ。そこはまさに父親譲り。

ミュージカルと歌舞伎、自ら選んだ主たる戦場は父と子で違うが、根幹にある「考え方」「生き様」はブレていない。「チャレンジ」「改革」「現状に安住しない」「変わらなければいけない」「前に進まなければ」という精神。これこそが高麗屋三代が受け継いでいくもの。襲名することの本当の意味だと思われる。

「ネット自動車保険と高麗屋をなめてはいけない」

坂東玉三郎
6歳で、たった一人で歌舞伎界へやってきた

1956年ごろ、歌舞伎座の楽屋で「(守田)勘弥さんのところに綺麗な部屋子さんが来たよ」「勘弥さんが『この子は天才なんだよ』って言ってるらしいよ」という話が広がり、関係者がみんな勘弥さんの楽屋に押しかけた。そうやって集まってきて、その新しい部屋子の顔を見て、「なるほど」という表情をして帰っていく。

私もすっ飛んで見に行った。そして「確かにかわいい」と思ったのをハッキリと覚えている。

でも、いくら勘弥さんが「手塩にかけて育てたい」っていう、かわいい部屋子だからといって、その子が立女形になるとは誰も思わなかっただろう。たった一人で6歳で

歌舞伎の世界にやってきた一般の出の男の子が、研鑽努力を重ねて、50年以上の遠い未来に、歌舞伎と女形の世界をしっかりと支える存在になろうとは。

いまや、女形の領域に関しては、坂東玉三郎抜きには考えられない。

「京丹後特別舞踊公演」の取材会に出席した 坂東玉三郎

六代目中村歌右衛門との確執

しかし、そんな玉三郎も最初のころは、良いことを言われなかった。非難を浴びせられて泣いていた。

部屋子になって10年ほど経ってから、女形の役をもらったけど、背が高くて「寸法が合わねえ」って大道具さんに怒鳴られる。「お前、そこに立ってると、周りと寸法が合わねえんだよ！」とかね。

辛かっただろう。そんなことで、ちょっと腰を折って背を低く見せるようにして芝居するクセが、一時期ついていた。

苦労といえば、もう一つ。一世を風靡して「歌舞伎界の〝女帝〟」とまで呼ばれた先輩の女形、六代目中村歌右衛門との間には、長い間、確執があった。ざっくばらんに言えば、かわいがってもらえなかった。

まあ、こんな言い方をして申し訳ないけれど、歌右衛門が後輩の玉三郎をライバル視して、排斥していた。玉三郎は外の世界から一人で入ってきているし、歌舞伎界の超大物から嫌われることは、これも大変辛かっただろう。

しかし、老いてきた歌右衛門が自分の芸に見切りをつける時が来る。

「私は、これ以上はもう、本当の芸というものを見せられないな」と。

その時を境にして、遅ればせながら、歌右衛門が玉三郎を引き立てるようになった。

短い期間だったが、玉三郎が歌右衛門の芸を受け継ぐ時間が、確かにあった。

手取り足取りではなくて「あそこの場面は、これで宜しいですか」「それでいいのよ」などの、ちょっとしたやり取り。

「ただ、ここの仕草だけは、こうお気をつけになったほうがよろしいですよ」とかね。

その一言、一言が大事。そうやって歌右衛門の芸の芯の部分を受け継いだのが、玉三郎だ。間違いなく、そういう伝授はあった。

そして、それをきっかけにして、玉三郎はさらに大きくなった。いまやもう、全盛期の歌右衛門を越えるほどの勢い。

大向うも黙る舞台

今の玉三郎は、身長のことなど一切気にせず、ツーっと舞台に立つ。

あの人の素晴らしいところは、頭の先に宇宙があるってところ。そういう踊りをなさる。これはもう、すごい！　としか言いようがない。

舞台の上で集中する玉三郎には、誰も声を掛けられない。大向うも黙る。「大和屋！」なんて声も出せない。大向うでさえ引き込まれてしまう。

「余計なこと言わないで、黙って見てなさい」って感じ。

玉三郎もそろそろ、歌右衛門が感じたのと同じ「年齢との勝負」を考え始めているところ。もちろん、当分は大丈夫。

でも徐々に、玉三郎自身、やはり無理が効かなくなる部分が出てくるだろう。そこはキツイ。なんとか少しでも長く、歌舞伎界と玉三郎の世界を愛する人々のために、頑張っていただきたい。

その間に、玉三郎の踊りと芸は誰が、どうやって継げばいいのか。今のところ、歌舞伎界にはいない。

例えば、２０１２年に亡くなった十八代目中村勘三郎の次男である二代目中村七之助は、綺麗だ。女形としての素質もある。だから、研鑽すればいい。本当にしがみついてでも、受け取ろうとすれば、受け取るものは沢山あるはずだが、これはもう、果てしなく遠く、厳しい道。でも、やるべきだと思う。

七之助、ひっくり返っても、命を懸けても、やれるかどうか……。

玉三郎の「鶴の一声」

話は変わるが、２０１７年12月の歌舞伎座には、みんな注目していた。第三部（夜の部）に玉三郎と市川中車の２人が出て、最後の『楊貴妃』は二人だけで演る。

当然、玉三郎の声掛かりで、中車を引き立てているわけだが、玉三郎の考えが何処にあるのか。天才の”ひらめき“は凡人には計り知れぬものがある。

実は中車が２０１４年７月の歌舞伎座『修善寺物語』で夜叉王を演じた時、同じ歌舞伎座に出演していた玉三郎が「あの子は面白いわね」といった。それが話題として広まった。中車が玉三郎に褒められた！　これはまさしくニュースだった。

そして今回、玉三郎は『楊貴妃』に中車を指名して共演した。

中車にとっては大変名誉なこと。中車を指名することが玉三郎にとってどういう意味があるのか、分からないが、普通だったらありっこない抜擢。

12月の歌舞伎座。１年の締めくくりの舞台。三部制とはいえ夜の部で、玉三郎と中車、二人だけで芝居を演る。

これはもう、玉三郎の「鶴の一声」。

「いいわね、中車と演るわよ」

これで、もう誰も何も言えない。一言ですべて決まり。「さようでございますか。はい、わかりました」ということだ。

中車は本当に恵まれている。このチャンスを今後にどう活かしていけるか。

市川中車
梨園で生きていくことは、それほど簡単なことではない

市川中車（香川照之）は、私が生まれ育った澤瀉屋、市川猿之助家の一員。従兄弟の孫に当たる。世代が違うとはいえ、やはり身内だから、この世界で立派になってほしいと、応援している。

それ故に、よそ様の役者さんに対するより、厳しい目で見守るのは当然のこと。そこを踏まえたうえで、ここから先をお読みいただきたい。

２０１１年に九代目市川中車を襲名して、彼は46歳で歌舞伎界に入った。初舞台は翌年の新橋演舞場「六月大歌舞伎」。まず演じたのは『小栗栖の長兵衛』の長兵衛。これは、それなりに評判になった。

しかし、キツイ言い方をすれば、小栗栖の長兵衛なんて、誰にでもできる。演劇の舞台やテレビを経験している人にとって、小栗栖の長兵衛なんて、いっぱし演るだけだったら、簡単なこと。

九代目市川中車の襲名披露　向かって左が中車、右が四代目市川猿之助

歌舞伎の舞台で、主役でございって、馬の背中で「えいやーーっ!」なんて言ってると、けっこう絵になる。芝居になっちゃう。細かい部分は、初舞台だし、どうかご容赦を、って感じでね。

でも、他の芝居だったら、どうだったか。

「初めてだから、演じやすい役を」と周囲が慎重に考えて、お膳立てしてくれたことを、中車がちゃんと分かっているかどうか。

安易な話題作りへの疑問

同年7月の大歌舞伎では、中車の父である二代目市川猿翁が脳梗塞の療養から8年ぶりに舞台に立ち、『楼門五三桐(さんもんごさんのきり)』の真柴久吉を演じた。その猿翁の黒子として後ろから支えていたのが中車。そして、舞台の最後には頭巾からチラリと顔を出した。

「和解した父を後ろから黒子で支える息子」を見て、感動した場内は大きな拍手が鳴りやまず……。

と、まあ、これは話題になった。でも、そんな姿を、厳しくいえば”安易な話題作り“を舞台の上で1か月も続けて見せて、それはどうなんだろうか。長い伝統の歌舞伎という舞台の中で、どんな意味があるのか。そんな疑問の声が私のところにもいくつか届いてきた。

「存在感があればいいだろう」とか「注目を集めればいいんだろう」とか、およそ芸とは関係ないほうに走ってしまって、結局大成しない役者もいる。でも中車には、そういう方向に行ってほしくない。

涙を浮かべて語った歌舞伎界入りの決意

市川中車は二代目市川猿翁と浜木綿子の長男として生まれたが、2歳の時に両親が離婚。母のもとで歌舞伎とは関係なく育ち、東大へと進学。卒業後はテレビ、映画の世界に入り、役者として徐々に頭角を現し、2002年のNHK大河ドラマ「利家とまつ」の豊臣秀吉役で一気に世に名が広がった。

2013年のTBS『半沢直樹』の大和田常務役はいい味を出していた。

前述のように、母と自分を捨てて出ていった父と和解し、２０１１年に歌舞伎界へ。「政明（團子）がいるのに、１４０年にわたって続いた一族を、自分が継がなくていいものかと思った。その船に、乗らないわけにはいかなかった」

これは襲名会見で涙を浮かべて語った、中車の歌舞伎界入りの決意。市川猿之助家の芸を自分が継ぐと「宣言」したわけだ。

今、中車はどんな気持ちで、この時の自分の言葉を噛みしめているか。言うほど簡単なことではない。梨園の中には、「よく軽々しくそんなことが言えたもんだ」と思っている人も、少なからずいるかもしれない。

テレビや映画で存分に才能を発揮したが、それと歌舞伎の芸を身に付けることは、かなり作業が違う。中車も今はそれがよく分かったと思う。

教えを乞うしかない

極端にいうと歌舞伎の芸は型から入ることができる。型ってのは、ほとんど踊りに近い。理屈はほとんど何もない。こう動いて、こう入るんだ、という流れから入っていく。

実はそれが大変大事。

そのためには、いっぱい見て、いっぱい動いて、なぜ、そういう型になっているのか、なぜ次はその形、所作なのかを、体と心でつかみ取って、覚えて、身に付けていかなければならない。

そんな時間が今の中車にあるかな、と心配に思う。


例えば、中車の従兄弟である四代目市川猿之助が古典から世話物と幅広くできるようになり、『ワンピース』など新しいものにも手を出している。役者人生のステップとして、そういう一時期は大いに意味があるだろう。

しかし、中車は、そこまでの基礎の部分がストーンと抜けているわけだから、これはキツイ。

「その空白を取り戻す。埋める」「自分は猿翁の息子なんだから、頭の中ではちゃんと分かる。だから、できるようになる」と、中車は頭がいいからそう考えて、努力もするだろう。でも、実際に「じゃ、演ってごらんなさい」となると、これは難しい。

歌舞伎で中車が演じるような役が、いったいどれくらいあるか。せめて3分の1は覚えようといっても、200から300はあるだろう。一つ一つ、それを誰に教わって、どうやって身に付けていくのか。

ましてや踊りとなると、中車はゼロからのスタート。教えを乞うしかない。でも、それは誰にでも教えられるわけではない。

その修行がどれだけできるのか。時間は作れるのかってことが、大変な課題。

中車も今はそれを分かって、どうすればいいか、考えていると思う。

そこへ、手を差し伸べてくれたのが坂東玉三郎。2017年12月の歌舞伎座。玉三郎の御指名で、中車と二人だけで舞台に立った。

この舞台稽古の時から、中車は玉三郎の手元に置いてもらい、キチッと指導してもらえた。玉三郎から直々に教えてもらえた。

これは凄いチャンス。すべて玉三郎にお任せして、歌舞伎に対する考え方や、日常の見えない部分の努力まで、学んだことだろう。このチャンスと経験を「これから」に活かせるかどうか。それこそ、團子の父としてもしっかり修行してもらいたい。それで中車はさらに大きく変わっていくかもしれない。

役者の中のＤＮＡ
その本質を見抜く眼力・育てる芸力

坂東玉三郎と市川中車が共演した歌舞伎座の舞台を、私もじっくり見てきた。そして、その場で感じたことは「中車はやはり、二代目市川猿翁のＤＮＡを継いでいる」ってこと。あれは感動的な体験だった。

顔が似ているとか、声がどうのこうのとかってことを含めて、そしてそれだけじゃなく、芯の芯のところで、中車は猿翁のＤＮＡを継いでいる。だから演れる。で、玉三郎には、それが見えている。だから1年の〆の大舞台で中車を使おうという勇気も出てくるし、決断もできる。それが「あの子、面白いわね」という、あの言葉なのだ。単純に面白いって意味じゃなくて、本質を見抜いている。

本人も知らず知らずに歌舞伎役者のＤＮＡを受け継いでいる中車という役者。その存在を、玉三郎がプラスの面で見ている。一つの新しい煌きとして見ていると思う。「あいつ、磨けばもっと光るわね」ってね。

役者にとっての「宝」

振り返って考えてみると、中車は香川照之としてテレビや映画で活躍していたが、そのころから演技、つまり芝居ぶりはゼンブ大芝居で、ちょっとクサい。半沢直樹のワル常務の時も、決めの表情や動きが大袈裟で、今思えばクサかった。ま、あのドラマに関して言えば、逆にそこが受けたのだろうが。

歌舞伎のＤＮＡが出てしまっていた。なんでもゼンブ歌舞伎になっちゃう。だから、どっちの世界が上か下かというような話ではないが、中車はテレビ・映画の世界では決して”名優“ではなかったと思う。

当たり前のことだが、歌舞伎の世界では、その歌舞伎ＤＮＡを強く継いでることは本当に大きい。中車にとっての「宝」。

実際にどういう芸を見せられるかは、親子でも少しずつ違う。でも、そのお見せできるレベルの芸を、顔と声と全身で表現できる素質・能力、中車はそれを継いでいる。今回の玉三郎との舞台を見て、そのことがよーく分かった。

私が見たのは夜の部(第三部)の『瞼の母』と『楊貴妃』。

まず『瞼の母』で主役の番場の忠太郎を演じた中車は、かなり良かった。結局、ああいう"世話物"は自分も好きで、だからノリもよくできるんじゃないかな。

喧しいばっかり、強い演技ばっかりっていう芸域から、渋い味というか人情というか、そういうものを表現できるようになりつつあると感じる。

ああいう江戸っ子の、昔の江戸風情の中での男っぷりというものを表現できる役者は、なかなかいない。十三代目片岡仁左衛門とか九代目坂東三津五郎、そういう人たちが自分のものにして身に付けて、見せてきた江戸っ子気質、粋さ、その美しさ、そういったもの。

そこのところを、中車がもしさらに上質に出来るようになればと想像すると、これは楽しみ。江戸風の粋な役者を体現出来るようになれば、本当にもう素晴らしい。

仁左衛門や三津五郎のあの味と粋、なんともいえないからね。中車にはあそこまで行ってほしい。行かなくちゃいけないだろう。

玉三郎の手の平の上で舞う

『楊貴妃』の配役が発表されたときは、まさに驚いた。

しかし、実際に見ると中車は今まで舞踊の素養はないのに、「こういう風に踊るんですね」という道を、玉三郎の指導よろしく、なんとか見つけていっている。

『楊貴妃』のあの方士の役は、本当はものすごく踊れる人がやるべき役。分かっている人が踊らないと、玉三郎の相手は務まらない。

しかし今回は、「とにかく余計なことはしなくていい。間と型、居場所、それだけはきちっときめて、押さえるところは押さえなさい」。そういう指導をしたのだろう。

それが割とうまくいった。で、専門家ではなく一般のお客さま方から見ると、中車が意外に”踊れる人“のように見えた。

周りのスタッフも、聞いたときは「ええーっ」と思っただろうが、実際に舞台に上げてみたら「あ、そうか、こんな教え方があったんだ」「そんな表現の仕方があったんですね」と。玉三郎の指導で踊る中車の動きの中から、それこそ中車の力ではなくて、玉三郎の力量を感じ取ったと思う。

それが、一般のお客さま方から見ると「中車、なかなかやるじゃないか」となる。そこが、玉三郎の凄いところ。

玉三郎の世界の中に中車を置く。その中で舞わせる。お釈迦様ではないが、玉三郎の手の平の上で舞わせるってこと。そして、中車を脇に置いて踊るときの玉三郎が、また凄かった。妖艶だし、綺麗だし……。

あそこに宇宙ができる。幻想的な夢の世界。本当は小さな世界かもしれないが、それがものすごく大きく、奥深い感じで表現されていく。

かつて六代目中村歌右衛門が美しいと言われて、最高の大女形として力量を称賛された時代があった。確かに美しかったけれども、こんな言い方は叱られるかもしれないが、それは”美しさ“でしかなかった。

玉三郎はそれを遥かにずっと越えてしまっていて、そこに踊りの世界、舞踊としての美しさを極限まで加味して、自分で舞いながら劇場全体を玉三郎の宇宙の中に入れてしまう。これは歌右衛門にもできなかったこと。二代目尾上右近がこんな風に言っていた。

「玉三郎さんは”宝“です。僕らが何を為すべきかを、常に示してくれている」

歌舞伎の歴史の中には何人も大女形の名が刻まれているが、戦後で一番どころか、私は玉三郎が最高、真に絶世の女形だと思う。先にもいないし、後にも、あれ以上の人は出てこないだろう。まさに、素晴らしい芸術家だ。

團子は王道を歩く

中車が真剣に踊りと取り組む時期が、どこかで必要だろうと思う。踊りの間とか形を身に付けることで、他の芝居を演るときに、全部それが活きてくる。

歌舞伎の場合、踊りを修得していない人の芝居は、どこまでいっても間が外れていて、形が悪い。なんというか、行儀の悪い芝居になってしまう。

中車がこれまで歌舞伎の舞台で演じてきた『荒川の佐吉』や『小栗栖の長兵衛』、今回の『瞼の母』とかの人情物・世話物は、踊りの素養が無くても、役者としてそれなりの力量があれば、演ることは演れる。でも、踊りの形や美しさ、リズム感や流れ、所作や表現法を身に付ければ、歌舞伎役者としてもう一つ上の芸をお見せできる。だから、中車には、短い期間でもいいから踊りに取り組み、修行というか、きっちり学び、身に付けてほしい。

彼の身内には踊りの名手が何人もいる。三代目市川右團次もいれば、二代目市川猿弥もいる。いまや澤瀉屋の重鎮である猿弥は主に立役の踊りで、しかも色気がある。そういう人たちにお願いして、定期的に稽古を付けてもらうといい。

中車の子である市川團子は、もちろんしばらくは父親から何も教われない。親のほうが、まだ修行を始めたばかりだから。

教わるとしたら、團子も海老蔵の妹であるぼたんさんから、かな。それこそ、中車と團子が一緒にぼたんさんに教わってもいい。そういえばこの前、中車が「ぼたんさんがウンヌン……」とか言っていた。「お願いした」とかね。

しかし、将来はどっちかといえば、中車の従兄弟である四代目市川猿之助が團子を見ていくことになるのでは。猿之助は結婚していなくて子供もいないから、将来は猿之助の名を継いで、その後に猿翁の名を継ぐというのが、團子にとって澤瀉屋の中の王道を歩いていくことなわけだから。

中村福助・芝翫・児太郎
七代目歌右衛門は誰が継ぐのか

現在、空白になって誰も後を継げていない「中村歌右衛門」の名をどうするか。この問題は歌舞伎界にとって、とてつもなく大きい。歌右衛門というのは、「女形の團十郎」だから。こちらも、歌舞伎そのものなのだ。

2001年に六代目中村歌右衛門が亡くなってから、かれこれ17年以上、誰も継いでいないのは大変な事態。六代目歌右衛門は戦後の歌舞伎界における女形の最高峰と呼ばれ、「歌舞伎界の"女帝"」とまで言われた人。

その彼には男の実子がいなかったから、普通にいけば継げるのは甥である七代目中村芝翫。そしてその次は芝翫の長男・九代目中村福助が継ぐところ。しかし、途切れてしまった。これには事情がある。

まず、七代目芝翫が、すぐに歌右衛門を継がなかったのがいけない。芸はまだまだ及ばなくても、一門の中の正統な血統の人ならば、継いでも文句は出ない。それが歌舞伎の世界。だから次は七代目・芝翫が歌右衛門を継ぐはずだった。でも、その前に亡くなってしまった。継いだ後なら歌右衛門の名を次へとスムーズにリレーできたが、芝翫の名のままで終わってしまった。

そんな中、2013年9月、その芝翫の長男・九代目中村福助が一気に七代目中村歌右衛門を襲名することが、ついに発表された。

ところが、同年11月、福助は脳内出血による筋力低下のために一時休業することに。

これはマズイ。すぐに誰かが歌右衛門の名を継ぐことはできなくても、せめて芝翫の名は誰かが継いでおかなくては。

というわけで、七代目中村芝翫の次男坊・三代目中村橋之助が継いで八代目中村芝翫を襲名したのが２０１６年10月。ところが、八代目芝翫は完全に立ち役なわけだ。立役の歌右衛門を誕生させるわけにはいかない。やはり女形でなきゃいけない。

これは困った。

「父のために父を乗り越える」

そこで、解決策は二つ。

一つは、八代目芝翫が芸の幅を広げて、女形もできる芝翫になる、という道。それが一番。

ところが、こんな言い方は失礼だが、芝翫は次男坊だから兄ほど真剣に芸の道を考えずに生きてきた。「俺は次男だし、まあ、こんなもんだろう」と思っていたところに、いきなり芝翫になった。女形も、というのは酷だろう。

二つ目は、福助を継ぐと発表していた六代目中村児太郎が十代目福助となり、その上の歌右衛門を目指す道。父の歌右衛門襲名と同時に福助を継ぐと発表してから、もう5年。幸い児太郎の芸はしっかりしている。いつでも福助を継ぐ覚悟は出来ている。

そして、その父福助は、平成30年9月の「秀山祭」の舞台に、病をおしての復帰を果たした。

熱い熱い拍手に迎えられた福助。お客様の温かさが身に沁みる一幕になったが、これから"新歌右衛門"復活へ向けて、どのような道程を辿ることになるのか注目が集まるところで、当分は目の離せない局面ではある。

「父のために父を乗り越える」と決意を語った児太郎だが、父子ともども本当に頑張って欲しいと、強く思う。

すべては歌舞伎と歌舞伎を愛してくれるファンのみなさまのため。

特別講座

歌舞伎界の「格付け」と「格差」

以下に、2017年7月、海老蔵親子の初共演舞台が話題になった時期に週刊現代で掲載された記事をご紹介する。

この記事は「知ってましたか？　梨園の『格付け』と『格差』」というタイトルで、歌舞伎界の各一門や役者やご夫人たちのそれぞれの格、立ち位置、評判などを、内部関係者や歌舞伎に詳しい人たちに取材してまとめたもの。けっこうズバズバ書いていて、私のコメントも何か所か掲載されている。

この後、高麗屋三代の同時襲名があったことなどで、記事が出た時からは状況が変わってきたところが一部にある。

というわけで、週刊現代編集部と実名でコメントを出された方々の了解を得たうえで記事を丸ごと再録し、その後に、私の補足的な説明と、5年後、10年後の予想などを書かせていただく。

——元をたどれば全員が親戚にもなりかねない狭くて濃い世界。けれども序列だけはかっちりと決まっている。家柄、血縁、実績が複雑に絡み合ったそのランキングを理解すると歌舞伎の趣も深まるはず。

★　★　★

市川團十郎は絶対的な存在

「海老蔵さんが公演の座長でも、吉右衛門さんが出演していたら、『よろしくお願いします』と頭を下げて、相手を立てます。楽屋も吉右衛門さんが一番良い部屋を使うわけです。家としての格に加えて、いままでの実績によって役者の立場は決まっており、その細かいあうんの呼吸ができている。そうでなければしょっちゅう揉め事がおこってしまうでしょう」（歌舞伎研究家・喜熨斗勝氏）

400年の歴史を誇る歌舞伎は、約300人の歌舞伎役者によって支えられている。彼らは30ほどの家（一門）に分かれており、家柄と役者には明確な格付けがある。

歌舞伎で主役を演じることができるのは、格上の役者だけ。だが、外の世界から見ると、その格付けは分かりにくい。江戸時代からの伝統・格式があるうえ、家同士の結婚や養子縁組によって血縁関係は入り乱れ、ややこしすぎるからだ。

ではまず、現在の歌舞伎界の格付けはどうなっているのだろうか？

「市川宗家」という言葉が、メディアではよく取り上げられる。市川海老蔵（41歳）が家長を務める「成田屋」のことであり、最も権威がある家だ。

前出の喜熨斗氏が言う。

「歌舞伎の世界には、芸の良し悪しを判断する絶対的な基準がありません。ですから、結局、格付けをするときに使われる物差しは、その家が何年続いているかということ。その点で市川團十郎の系譜である成田屋が一番格上ということになります。

江戸時代にお客を集め、そのお客に喜ばれるような芸を見せるというスタイルを最初に始めたのが、市川團十郎だと言われています。彼の芸にはそれまで見たこともないような華やかさ、力強さがあり、たちまち江戸中で評判になりました。

これが歌舞伎の発祥であり、市川宗家と言われる所以です。私は『歌舞伎界の大黒柱』

という言い方をしています」

トップ4の顔ぶれ

では、團十郎が不在のいま、歌舞伎界のトップは「市川宗家」の家長、海老蔵なのだろうか。いや、冒頭のようにそう簡単なことではない。

「吉右衛門さんらの重鎮には頭が上がらないでしょう。歌舞伎役者で構成される日本俳優協会の役員にも、海老蔵さんの名前はありません。

それはまだ『團十郎』ではないから。あくまで修行の身です。歴代を見ても團十郎になるまでには時間がかかる。海老蔵から團十郎になるまで、30年、50年とかかる場合もある。それほどの存在なんです」（喜熨斗氏）

つまり、海老蔵が『團十郎』を襲名するまでは、歌舞伎界のトップはお預けというわけだ。

「いまの時代で言うなら、俳優協会の会長を務める坂田藤十郎（86歳）さんが別格扱いです。出演したら必ず一番いい楽屋を使いますし、一番出演料も高いでしょう（喜熨斗氏）」

藤十郎と言えば、三代目中村鴈治郎時代の2002年に京都の舞妓との密会を「ＦＲ

ＩＤＡＹ」にスクープされ、バスローブの前がはだけていた写真のインパクトが強い。とはいえ、江戸の市川團十郎、上方の坂田藤十郎は揺るぎない存在か。

一方ではこんな声も。

「藤十郎さんは歌舞伎界のトップではありますが、体力的に第一線の役者とは言い難いですし、象徴的な存在と言ったほうがいいかもしれません」（歌舞伎興行関係者）

『歌舞伎　家と血と藝』（講談社現代新書）の著者である作家・編集者の中川右介氏はこう言う。

「団十郎不在のいまは集団指導体制にあります。それは歌舞伎座の公演を見ればわかります」

２０１３年4月にニューオープンした歌舞伎座は３ヵ月にわたり柿落とし興行を行った。合計して21演目が上演され、主役を張った役者は10人いる。

坂田藤十郎、尾上菊五郎（76歳）、片岡仁左衛門（74歳）、松本幸四郎（76歳）、中村吉右衛門（74歳）、中村梅玉（72歳）、坂東玉三郎（68歳）、坂東三津五郎（故人）、中村芝翫（当時は橋之助、53歳）、そして海老蔵（41歳）。いずれも名門の一家の長である。

海老蔵だけがかなり若いが、これも「市川宗家」がいかに特別な存在かを物語る。

「なかでも菊五郎、幸四郎、仁左衛門、吉右衛門がいまのトップ4といえます。それに次ぐ存在として梅玉が上がってきました。

一般的な知名度は4人に劣りますが、名門である中村歌右衛門家のトップになります。もっとも、梅玉の格上げは十二代目市川團十郎、十八代目中村勘三郎が亡くなったことの影響も大きいでしょう」（中川氏）

「団菊」と称されるように、成田屋に次ぐ存在なのが、尾上菊五郎家（音羽屋）なのである。

歌舞伎の世界における格差でもっとも顕著なのは、歌舞伎座にどの役で出られるかだという。

そして近年の歌舞伎座の興行は、この5人が座頭（公演のメイン）になっている。座頭は他の出演者のキャスティングにも影響を持ち、それゆえ名門一家からは、次のスターが生まれやすい。

「5人のなかでは、家柄、名跡の格で菊五郎がトップ。そして幸四郎、仁左衛門、吉右衛門が同格でしょうね。名前だけならまだ二代しか続いていない吉右衛門はやや格下ですが、ドラマ『鬼平犯科帳』などでも知られる当代は実力でいまの地位を築いた。吉右衛門は年

長の幸四郎や仁左衛門を抜いて、俳優協会ではNo.3の専務理事を務めています」（中川氏）

本来ならば、これに続くのは玉三郎だが・・・

「玉三郎は一般家庭に生まれながら、その才能と実力を認められて名優・十四代目守田勘弥の養子となった当代一の女形です。しかし、体力的な問題なのか、近年は歌舞伎の出演自体が減っています」（前出・歌舞伎関係者）

若手が抜擢される8月の納涼歌舞伎を除いて、トップ5以外に歌舞伎座の座頭が務まるのは、いまは市川海老蔵と「澤瀉屋」の市川猿之助（43歳）ぐらいだという。

市川猿之助家自体は家の格としては高くない。

「澤瀉屋は市川宗家の弟子筋で、本家筋ではありません。しかも、かつて二代目市川段四郎が市川宗家の十八番だった『勧進帳』を断りなく演じたことで宗家から破門になったという歴史があります」（前出・関係者）

しかし、今はそうも言っていられないようで、

「近代はやはり稼ぎ頭が偉いんです。お客さんが呼べる家は栄えていきます。つまり一門のなかにスターが誕生するかどうか。それがいまは海老蔵であり、猿之助であるわ

けです」（喜熨斗氏）

市川中車の評価は？

海老蔵が座頭を務める歌舞伎座7月公演の夜の部は、チケット発売開始の初日に売り切れた。

最後の発表となった2004年の長者番付で歌舞伎界でトップだったのは海老蔵で、推定年収1億4100万円（納税額4970万円）。次いで幸四郎が推定年収1億1800万円、玉三郎が推定年収8400万円だった。

まさに人気と実力を兼ね備えた3人であり、この順位は現在も大きくは揺るがないだろう。だが、歌舞伎公演以外の収入が大きい3人でもある。本業だけではそれほど儲からない。副業に精を出さなければ、千両役者（年収1億）にはなれないのかもしれない。

歌舞伎座公演1ヵ月のギャラは主役級で500万前後～800万円程度と推測されるが、それは格によって決まるという。

「やっぱり実力がある人、切符が売れる人に松竹が出演料を高く払うのは当然だと思いますが、海老蔵さんがいくらお客さんを呼べるといっても、菊五郎さんや吉右衛門さん、仁左衛門さんのほうが高いと思います」（エッセイスト・関容子氏）

若手では海老蔵が断トツの格付けだ。同世代ではだいぶ離れて、名門の御曹司である、幸四郎の長男・市川染五郎（45歳）や、菊五郎の長男・尾上菊之助（41歳）の名前が挙がる。

海老蔵のように同じくテレビや舞台で人気がある中村獅童（46歳）や、片岡愛之助（46歳）の格は、どの位置なのだろうか。

「彼らは海老蔵とは真逆で、歌舞伎界では格下の存在だからこそ、それ以外の場で活路を見出したのです。獅童は、初代中村獅童である父親が歌舞伎役者を廃業しており、後ろ盾がいない。彼は、仲の良い海老蔵が座頭を務めるときしか歌舞伎座には呼ばれません。離婚した竹内結子との間には長男がいましたが、親権は手放した。これは歌舞伎の名家ならば考えられないことです。

愛之助も御曹司ではなく、一般家庭の出身。二代目片岡秀太郎（77歳）の養子で、名前の格は低い。明治座などでは座頭はやれますが、歌舞伎座では良い役は回ってこない。しかし、人気と実力はあるので、テレビや舞台に出演するという悪循環に陥っているように思えます。

大名跡『片岡仁左衛門』を継ぐ可能性もありますが、仁左衛門には長男の片岡幸太郎（50歳）がおり、孫である片岡千之助（18歳）も将来を嘱望されているため、難しい立場です」（前出・関係者）

一方で、市川中車（香川照之・53歳）の未来は明るいという。

「中車は『どんどんうまくなっている』と業界で評判です。九代目でそれなりに格式の高い名跡であり、良い役も与えられて、チケットも売れています。また息子の市川團子（14歳）はヤンチャなタイプですが、踊りが上手で役者として期待されており、将来、猿之助を継ぐ可能性もあります。

染五郎の長男・松本金太郎（13歳）もルックスや品が良く、松竹はこの二人を未来のスターとして育てるつもりでしょうね（全国紙文化部記者）

気になるのは、梨園の妻たちの「地位」だ。前出の関容子氏が指摘する。

「奥さんの地位は、ご主人の格に順じます。役者の娘であろうが、女子アナであろうが、ご本人は関係ありません」

梨園の妻のピラミッドの現状について、歌舞伎に詳しい記者が語る。

「頂点にいるのは藤十郎の妻である扇千景（85歳）さんです。ただし夫同様に一線からは退いている。続くのは人間国宝の奥様方。吉右衛門さんの妻の知佐さん、菊五郎さんの妻で女優の富司純子（73歳）さん、仁左衛門の妻の博江さん。

勘三郎さんの妻、好江さんはとても配慮の細かい人で、影響力がありましたが、夫が亡くなってからは、一歩退いています。長男の中村勘九郎（37歳）は先代に比べると、花形世代の中では埋もれた存在になりつつありますからね」

三田寛子が「勝ち組」

話題の芸能人妻たちの評判はどうだろうか。

「芝翫の妻、三田寛子（52歳）が究極の勝ち組。子供3人が全員男の子で、名門・成駒屋の格式高い名跡を襲名しました。いまはバラエティ番組にも出演して、自由に発言している。25歳で嫁入りして、いまや文句を言われない存在になったんです。

その三田が目をかけているのが、勘九郎の妻、前田愛（35歳）です。2人の男の子の母であり、献身的に夫を支えていると評価されています。

一方で藤原紀香(47歳)は夫と同じく格下ですね。紀香は梨園デビューをしたとき、劇場でお客さんとの記念撮影に応じていた。これはもっともやってはいけないタブーです」(前出・記者)

最後に、二代目市川猿之助の甥にあたる前出の喜熨斗氏はこう語る。

「僕は親の姿を見て、『ああ、歌舞伎界ってなんて不条理なんだろう』と思いました。三男だった父は巡業で地方を回って、一年に一回家に帰り、それで本当に食えるか食えないかというような歌舞伎役者だったんです。

その父の一座に加わって、地方を転々としたこともありました。それが嫌だというのではなくて、『三男の息子では限界がある。歌舞伎役者になるのはやめておこう』と僕は思ったんです。当時とは状況は随分違ってきましたが、いまもその伝統は残っていると思います」

いまも歌舞伎役者300人のうち、大半は月給10万~30万円以下でもがき苦しんでいるという。光があるからこそ、影もある──。

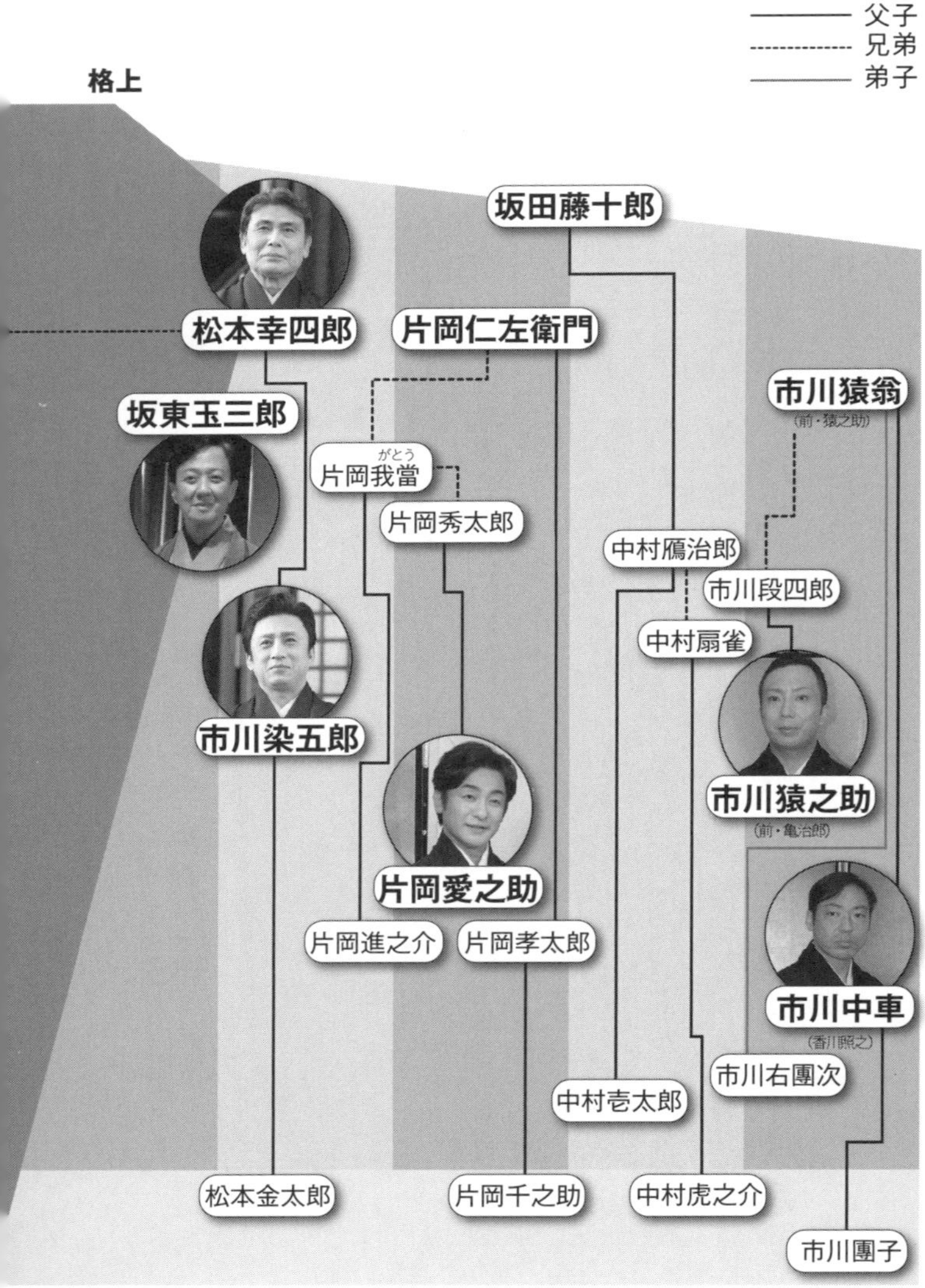
父子
兄弟
弟子
格上
坂田藤十郎
松本幸四郎
片岡仁左衛門
市川猿翁
(前・猿之助)
坂東玉三郎
片岡我當《がとう》
片岡秀太郎
中村鴈治郎
市川段四郎
中村扇雀
市川染五郎
市川猿之助
(前・亀治郎)
片岡愛之助
片岡進之介
片岡孝太郎
市川中車
(香川照之)
市川右團次
中村壱太郎
松本金太郎
片岡千之助
中村虎之介
市川團子

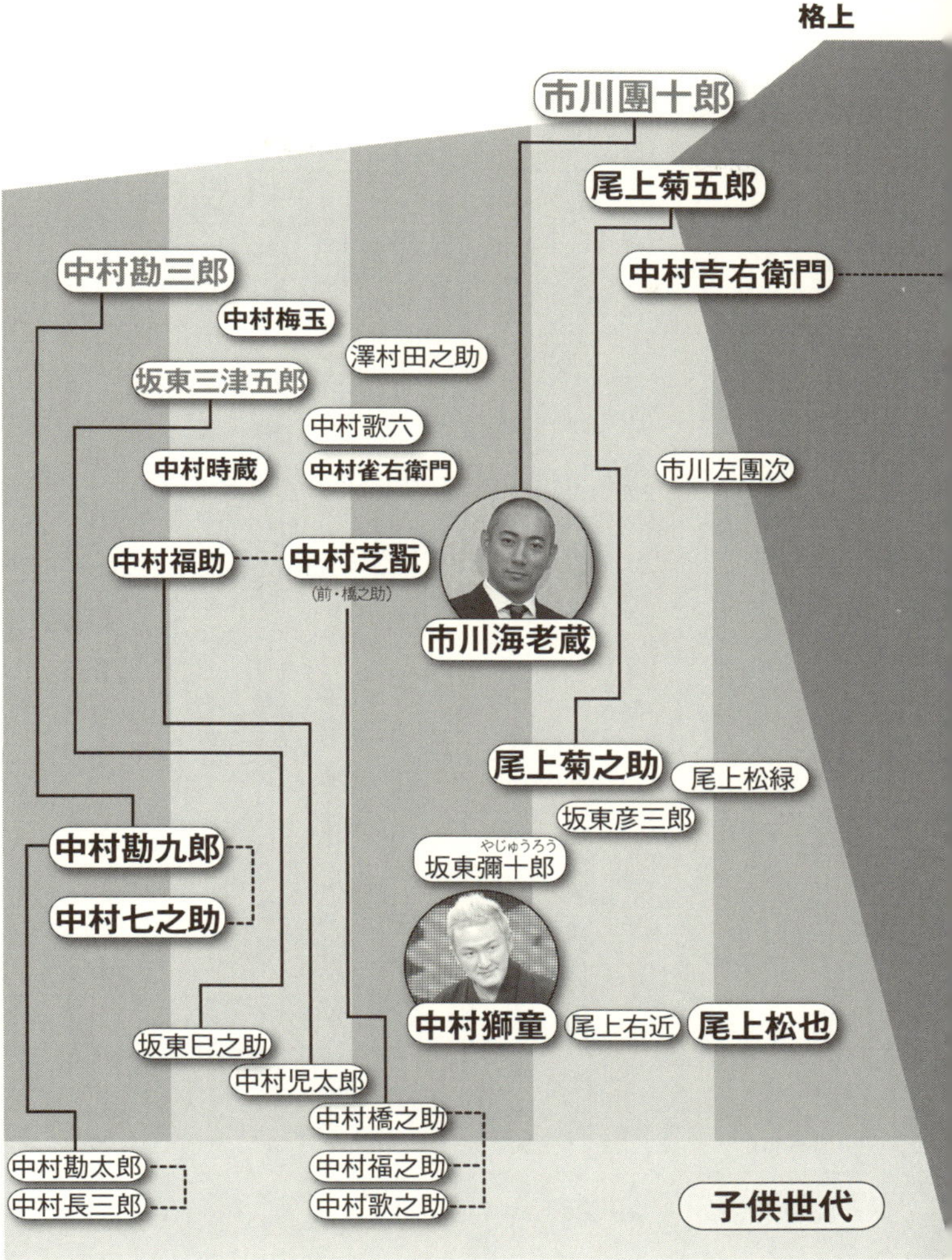
格上
市川團十郎
尾上菊五郎
中村吉右衛門
中村勘三郎
中村梅玉
澤村田之助
坂東三津五郎
中村歌六
中村時蔵
中村雀右衛門
市川左團次
中村福助
中村芝翫
（前・橋之助）
市川海老蔵
尾上菊之助
尾上松緑
坂東彦三郎
坂東彌十郎《やじゅうろう》
中村勘九郎
中村七之助
中村獅童
尾上右近
尾上松也
坂東巳之助
中村児太郎
中村橋之助
中村勘太郎
中村福之助
中村長三郎
中村歌之助
子供世代

5年後のツートップと最高幹部はこの役者たち！

以上が評判になった記事とそこに掲載された図表。

頭で書いたように、この記事が出た後に高麗屋三代の「同時襲名」の発表があった。九代目松本幸四郎が二代目松本白鸚を、七代目市川染五郎が十代目松本幸四郎を、四代目松本金太郎が八代目市川染五郎を襲名し、２０１８年正月の歌舞伎座からスタートして、各地で襲名披露公演を行った。

二代目松本白鸚は元々トップ4の一員だから、その立場にそれほど変化はない。しかし、新幸四郎と新染五郎は格が上がり、図表でいうと新幸四郎は海老蔵にほぼ肩を並べる位置に、新染五郎は尾上松也の少し下の位置になったといえるだろう。

それにしてもこの記事は、分かりやすくて面白い。「三田寛子が究極の勝ち組」と言い切ってしまうあたりも、やはり週刊誌の力というか。我々にはなかなか言い切れないのだが、これはその通りだと思う。

三田寛子さんの夫である八代目中村芝翫（前三代目中村橋之助）の立場は、今どんどん上がっている。

彼が生まれた中村歌右衛門家（成駒屋）は歌舞伎界の名門。その中で歌右衛門を継ぐと発表されていた兄の九代目中村福助は、闘病生活でずっと舞台に復帰できない状況が最近まで続いていた。

で、橋之助が大きな名跡「芝翫」を継いだ。芝翫の上の名跡は「歌右衛門」だけ。だから今の芝翫は実質、名門・中村歌右衛門家のトップだ。

成駒屋一門の先頭に立った芝翫は、責任も重大。

「まいったな」「もっと勉強しとけばよかったな」と、戸惑ってもいるだろう。彼は次男坊の気楽さで、若いころは「俺はいつまでも歌舞伎の中でやってないよ」なんて言っていたからね。テレビ・映画界、あるいはまったく違う世界に転進することも考えていたのだろう。

でも、もう逃げられない芝翫。愛妻と共にさらに精進、大きくなってほしい。

玉三郎が歌右衛門を継ぐ!?

ところで、ここでまた頭に浮かぶのが「歌右衛門をどうするのか?」。別なところでも書いたが、今の芝翫はやはり「立役」の人だから、そう簡単に方向転換は出来ないだろう。となれば、将来的には福助の子である六代目中村児太郎が歌右衛門に、とも書いた。

しかし、もし、より近い時期に「七代目中村歌右衛門誕生」を見たいと考えるなら、もっとベターな案と、さらに、夢のようなビッグな案がある。

ベターな案は、「二代目中村七之助に歌右衛門を継がせる」。

児太郎は24歳と若いし、正直言ってまだ力不足。今の芸の大きさや力量から考えると、やはり七之助だろう。七之助の母である好江さん(十八代目中村勘三郎夫人)は、今の芝翫のお姉さん。つまり、女系とはいっても七之助は歌右衛門家の血を継いでいるわけだから、その点でも資格はある。

いきなり歌右衛門を継ぐのはどうかな、ということであれば、福助が甥に譲るかたちでまずは七之助が福助になる。そして数年後、福助(七之助)が歌右衛門、児太郎が福助を同時襲名する。そこには、将来は新福助（児太郎）が歌右衛門を継ぐという意味も込められている。これならすべてが丸く収まる。

そして、もう一つ夢のようなビッグな案。

「玉三郎が歌右衛門を継ぐ」

もしこれが実現したら、みんな大喜び。歌舞伎界、演劇界だけでなく、ファンや文化に関わる様々な人々が盛り上がり、国民レベルで沸くだろう。

玉三郎は「私は歌右衛門を目指してやってきたわけではない」というのが正直な気持ち。以前から「私は玉三郎を全うするつもり」とも語っている。しかし、そこを何とか折れてもらって、女形の頂点を象徴する大名跡「歌右衛門」を玉三郎に継いでもらいたい。実績、実力、華やかさ、どれを取っても「文句なし」。誰もが納得するのは玉三郎しかいないのだから。

その時、「玉三郎」という輝く名跡を継がせてもらうのが七之助。順調に伸びれば、その後に続くのが児太郎ということになるだろう。これはまさに夢のような話だが、想像するだけで楽しくなってくる。

大女形と宗家の立役とのツートップ体制

5年後（次の世代）の歌舞伎界を予想してみよう。

トップに立っているのは五代目坂東玉三郎。歌右衛門を継ぐ継がないは関係なく、玉三郎が頂点にくることは間違いない。

そして、一気に玉三郎とほぼ並び立つところまで上がるのが、襲名披露を終えた十三代目市川團十郎（現十一代目市川海老蔵）。

大女形と宗家の立役とのツートップ体制。しつこいようだが、もし玉三郎が歌右衛門を継いでくれたら、歌舞伎の歴史でも最高の大女形・七代目中村歌右衛門と江戸歌舞伎宗家の十三代目市川團十郎のツートップが実現する。

新團十郎と新歌右衛門の新時代。まさに夢のよう。考えるだけでワクワクする。

この二人と同列ともいえる幹部となるのが八代目中村芝翫、十代目松本幸四郎、五代目尾上菊之助、四代目市川猿之助といったところだろうか。

二

猿之助と花形役者たち

市川猿之助

プロ精神の塊りは「そこまでやって、初めて芸でしょ」

四代目市川猿之助は亀治郎の時代から、けっこう反骨精神がある役者だ。新しい歌舞伎座が13年春に竣工してから何年間も出演しなかったのも、何かそういうところに理由があるのかも。猿之助は「偶然」と笑うだろうけど。

歌舞伎座という舞台の力を借りなくても自分はやれる、という気概もあると思う。歌舞伎座じゃなくてもしっかりとお客さんを呼べるのは、猿之助ぐらいしかいない。集客力という意味では、猿之助は最高。も

写真：齋藤芳弘

ちろん、猿翁などファミリーの力を貰ってるってこともあるのだけれど。

猿之助の舞台は、どこかにスケールの大きさとか力強さがある。美しいものを演じていながら、その美しさを力強く表現するような踊り方、身のこなし方を自分のものにしている。

そしてその精神は、それこそ衣装、化粧まで全部一貫して通っているから、見ている方は嬉しいね。すごく嬉しい。他では見られないものを見せてくれるから。

どこへ行っても同じような芝居をやっているのが、今の歌舞伎の現状でもあるから、その中で、猿之助らしい個性的なものが堂々と表現されているのを見ると、見るほうも楽しい。

『義経千本桜』とか『黒塚』とか『ヴェニスの商人』とか、本当に良いと思う。

腕を切断してもおかしくない負傷だった

中車の父である二代目市川猿翁が、キツイ状態だから、澤瀉屋を背負っていくのは猿之助しかいない。その自覚は出来ている。消極的な面は今の猿之助にはない。

それで新しいもの、例えば『ワンピース』などに挑戦している。その方向が良いか悪いかはまた別にして、とにかくガンバッている。

その矢先に舞台事故で負傷。あれは腕を切断しなきゃならないっていうほどの負傷だったらしい。それを切断せずに繋げた。かなり際どい状況だったわけだ。これが将来、どんな影響を及ぼすか分からないが、"克服"してみせて欲しいと強く願う。

彼の「当然、そこまでやって、初めて芸でしょ」という言葉でも分かるように、猿之助はまさにプロ精神の塊り。でも、だからこそ、今は焦らないでほしい。

一歩一歩、着実に前進していってくれたら、一門の端っこに生まれた者としても、こんなに嬉しいことはない。

中村獅童

バックも何もない「実力で這い上がってやる」

中村獅童が属する中村時蔵家、いわゆる萬屋は、歌舞伎界の中での格は立派なもの。今の獅童がこの一家の中の初代中村獅童の御曹司で二代目であることも大事なこと。叔父さんには映画界に進出した萬屋錦之助や中村嘉葎雄もいるしね。

ところが、獅童の父である初代は、途中で歌舞伎役者を辞めてしまっている。そのため、芸が繋がらなくなった。これは獅童にとっては大きなハンデ。

で、彼は今の歌舞伎界の中での役者たちの位置づけ、自分が家の格の割には低く見られている現状を感じていて、それが悔しいのだろうと思う。

そのせいか、獅童は時々「錦之助のお兄さんがね」とか口にする。それは自分がポツンと一人いるわけではないこと、一族

「ニコニコ超会議2018」発表会

みんなが役者であること、それを分かってもらいたいという気持ちからなのだろう。

「勘三郎のお兄さんがね」とかね。確かに2012年に亡くなった十八代中村勘三郎と獅童の父は従兄弟同士だからね。でもやはり、実の父と芸で繋がっていないのは、この世界ではイタイ。

日大の芸術学部に進学した理由

だから、「実力で這い上がってやろう」と、獅童はそういう気持ちで頑張っている。そしてある意味、本当に自分の実力で這い上がってきた。

自分で脚本を書いて上演した、絵本が原作の新作歌舞伎『あらしのよるに』にしても、面白い作品で温かみがある。それで主役を演じ、各地で公演している。お客さんの評判もいい。

新しい作品は、コストの計算、共演者・スタッフを集めることから劇場や大道具・小道具さんとの打ち合わせまで、何から何までプロデューサー兼座長がやらなくてはいけない。そんな中、バックの支えも何もない獅童が、自分のオリジナル歌舞伎を歌舞伎座で上演するところまでもっていった。これは本当に凄いこと。そこにあるのは自分の世界。自分が創造主。

獅童は、古典から創作劇まで、いろんな分野をキチッとこなしていて、味のある良い役者になった。舞台芸術家としてのセンスもある。自作の歌舞伎座公演を実現させるほどの情熱と人望もある。

そんな獅童の父である初代は、気ッ風がいい人。「自分の兄だからといって、威張っている人はイヤだ」とか平気で言う人。で、「アイツはしかたないヤツだ」とか陰口も叩かれた。

でも、センスが良かった。役者を辞めてから映画のプロデューサーになった。映画界と歌舞伎界の繋ぎ役・世話人のような人で、大映の辣腕プロデューサーとして活躍した。

その初代は二代目の今の獅童に対しても、「お前もいつでも辞められるように、覚悟してやっとけよ」と言っていた。それで獅童は日大の芸術学部に進学した。大学で劇作りを学び、それが今に活きている。

獅童は、他の歌舞伎役者さんとはちょっと違う可能性を、隠し持っているタイプなのだ。

片岡愛之助
根っからのショウマン　目立つ紀香も良し！

片岡愛之助はショウマンだ。いい意味で、骨の髄までショウマン。

そんなエンターテイナーとしての愛之助を、歌舞伎の世界でどうやって活かしていけるか。ここが大事なところ。

一つの方向が『鯉つかみ』。東京や大阪、各地で好評だが、あの世界はきっと愛之助に向いている。

七代目市川染五郎（現・十代目松本幸四郎）も『鯉つかみ』を得意として、ラスベガスで公演したりしているが、普通の歌舞伎役者にあれを演れといっても、なかなかできない、あのスケール感がね、滅多なことじゃ出ない。出せない。

あのスケールを、愛之助はそれほど大きくない体で劇場いっぱいに広げるわけだから、本当に大きな才能。

片岡愛之助・藤原紀香結婚披露宴

ショウアップなんていうと、薄っぺらに聞こえるかもしれないが、ショウアップすることは、これからの歌舞伎にとってとても重要。本来、歌舞伎が持っている伝統的な美しさを、ショウアップして見せる。

その方向で道を進んで行けば、愛之助は将来、すごい存在になる素質がある。「棒しばり」みたいなことは、あまり演らなくていい。愛之助に、才能を発揮する場がもっとあればいい、と切に願う。

ろうか。

「俺は一般人だから」なんて言っていられない

愛之助が「俺は大阪人だからな」とたまに言ったりするのは、どんな意味があるのだろうか。

「関西歌舞伎で育ったのだから、いずれは関西の劇壇のために関西で仕事をすることになる」という意味なのか……、それとも東京に対する気後れのようなものがあって、もんもんとしているからだろうか。要するに「上方ではうけるかもしれないけど、東京に持ってきたら無理だろうな」ということなのか。

観客としてはそうは思わないが、本人としては、あるのかもしれない。客ではなく、歌舞伎界の中の壁というか、なんか、やり難いのだろうね。

東京では、例えばショウアップした新しい芝居を舞台に乗せようとすれば、ありとあらゆる人の力を貰わなければならない。大道具さん、衣装さんから始まり全部、すべて今までと違うやり方をお願いしなくてはいけない。それには大変なエネルギーが必要。

そこへいくと、上方だと「よっしゃ、やろうやないか」というノリというか気風がある。失敗しても「元々よ」と、それくらいの構えがある。

しかし、歌舞伎座ではそうはいかない。

だから、もう一つ、愛之助に何かラッキーなチャンスがないかな、と。チャンスがあれば、それを巧みに捕まえて、きっともっと大きくなっていく。そんな期待があるのだが……。

一般からこの世界に入った故の苦労は、確かにある。でも愛之助が養子に入った先の二代目片岡秀太郎はできた人で、礼儀や約束事を大切にする人。その指導を受けているので、それも将来必ずプラスになっていく。

「俺は一般人だから」なんて半歩引いたようなことを、愛之助がいつまでも言っていられなくなるような状況になることが、歌舞伎界にとっても良いことなのだ。

紀香は愛之助の女房、華やかで何が悪い

愛之助の妻である藤原紀香は、よくマスコミに取り上げられて、叩かれることも多い。

「上昇志向が強いのが鼻につく」なんて聞いたこともあるが、もしそうだとしても、そ

れが何か悪いことなのだろうか。

私は、藤原紀香のある意味関西的、大阪的な感覚やガンバリ志向を、もっともっと愛之助に振りかけて、栄養を与えてやってほしいと思う。エンターテイナー人生を、二人でコラボしていってほしい。

歌舞伎座のロビーで紀香が奥様デビューした現場に、私もいた。ファンやご贔屓さんが、紀香のところに集まっていた。皆さんとの撮影会や懇親会みたいになっちゃって、ワアワア騒がれて、皆さんの真ん中で写真撮影。

そのことを、後から何だかんだと言われた。現場で見ていたが、私は「これは、素晴らしいことだ」と思った。なんであれがダメってことになるのか。

だって紀香は愛之助の女房で、その女房がそれだけ人気があって、みんなが集まってきて嬉しそうな顔で取り囲んでいる。ところは、歌舞伎座。まさに華やか。これこそが「ハレの場」。いいじゃないですか。

それを「劇場の中であんなことをするとは、伝統もしきたりも分かっていない」とか、目くじら立てて言う人がいる。でも、もうそんな時代じゃない。

華やかさや先端のものを全部取り込んで、新しい芽を育てていかないと、歌舞伎は何の変化も進化もできなくなる。

ワイドショーや女性誌なんかが梨園関係者といっしょになって、「紀香の着物の色が場違い」とか「梨園の妻は一歩も二歩も下がって、目立たぬように振る舞うべし」などと非難するが、何をバカなことを言ってんだ。歌舞伎役者の女房が流行の着物を着てどこが悪いのか。

歌舞伎本来の「ハレの場」の楽しさと、歌舞伎の未来のことを、もっと考えてくれ、と言いたい。

中村勘三郎・勘九郎・七之助
まさに華と芸があったスーパー役者と息子たち

残念ながら、2012年に亡くなってしまった十八代目中村勘三郎。昭和から平成時代の男役、立役の頂点はやはりこの人、勘三郎だった。この人はもうスーパー歌舞伎役者、すごい人だ。

とにかくお客さんを呼べて、みんなに支えられて喜んでもらえる。公演を打てば必ず「ワッ」と人が注目して、切符もよく売れる。この人の右に出る者はいない。

華があって、芸があった。なんで、そうなったのか。

一言でいうと、とにかくお客さんを大事にした。自分を見に来てくれたお客さん、一人一人を大事にして、その人たちにリアクションをしながら歌舞伎を作っていったのが、勘三郎。それが具体的に何だといえば、浅草・隅田公園の平成中村座だ。

あんなもの、役者がエイッと作ろうなんて言っても、作れるもんじゃない。お客さんに「いつも勘三郎が見られる芝居小屋が欲しい」って気持ちがあって、ヨーシと大勢の方々の協力を得て場所を確保して、専門家の人も集まってきて、知恵を出し合って、作り上げていった。

組み立て式の劇場。あれは夢のようだった。

元々、中村勘三郎家の先祖は江戸の芝居小屋・中村座の座主。中村座の売りは猿若舞といって、神がかりな踊りで、その発祥は歌舞伎より古い。その座主の一族がやがて、役者になった。そして、その伝統を繋いで守ってきた。

十七代目と十八代目の勘三郎は、その伝統を守りつつも大きく変えていった。「芸は観客と一緒に作っていくものだ」という信念を持って変えていった。

その実現が平成中村座。

勘三郎が本当に好きだったのは

勘三郎はホントにもう男っぷりがよくて、伝説によれば「あらゆる女性がかしづいた」とか。ま、とにかくモテた。でも私が聞くところでは「手を付けてはいない」。順に手を出していたら、たぶんモテなくなっただろうと。

で、次から次へと「かしづく」女性が登場しては、勘三郎から手を付けられぬまま、消えていく。なんだかあれは、まるで絵巻物のようだった。

勘三郎が本当に好きだったのは、妻の好江さんだけ。いろんな女性と噂になりながら、「好江杯争奪ゴルフコンペ」なんて、堂々とやっていた。その好江さんは七代目中村芝翫の愛娘。だから勘三郎は、中村歌右衛門家（成駒屋）の芸や一座をまとめる知恵も活用することができた。ある意味では、夫婦の二人三脚だったね。

実は勘三郎のお父さん、十七代目中村勘三郎は私のマージャンの師匠だった。お父さんも気さくな人で愛妻家。奥さんは六代目尾上菊五郎の娘・久枝さん。街の雀荘で夜遅くまで打っていると、久枝さん手作りのサンドイッチが届いたりする。いつもありがたく、本当に美味しくいただいた。

玉三郎を継ぐ者がいるとすれば

この十八代目勘三郎の息子が、六代目中村勘九郎と二代目中村七之助の兄弟。勘九郎の妻は女優の前田愛で、勘太郎、長三郎と二人の男の子を生んでいる。七之助も、この甥っ子兄弟をとてもかわいがり、ときには厳しく指導しているよう。

さて、六代目勘九郎。今はまだ気負い過ぎで、見ていてしんどい時もある。

彼には、お父さんがなぜ華があったかということを、もう一度ゆっくり落ち着いて考えてみてほしい。父の姿を思い浮かべながら、父の芸に秘められた艶とか華っていうのは、いったい何なんだってことを。

勘九郎自身が開眼すれば、そうすれば、さらにもっといい歌舞伎役者になるでしょう。そのうえで、中村座など父の財産をしっかり継いで、育てていってほしい。

一方、歌舞伎役者の妖しさ、危なさのようなものは、七之助のほうが持っている。七之助を見ていると、「新しい時代の女形はこうか?」「それともこうなのか?」と模索しているように感じる。

彼は女形としての資質は最高。あの美しさはちょっと並じゃない。極端な言い方をすると、もし玉三郎を継ぐ者がいるとすれば、それは七之助しかいない。

だから、もしそんな話が起こった時に怖気づかないで引き受けられるように、そういう度胸と芸の裏付けをしっかりと身に付けてほしい。七之助はどこへ行っても教えてもらえる。母方の中村歌右衛門家で教わってもいいのだから。

勘九郎と七之助の父、勘三郎の芸は、とにかく劇場を全部自分のものにする。引き寄せて、お客さんと一緒にワーッとかき回しながら、ワーッと花道を引っ込んでいく。そういう芝居の作り方。

だから、そこへ見に行った人たちは、自分が芝居の中に溶け込んだ状態で、大興奮の中で幕が下りる。勘三郎は、そういうことが出来る役者だった。

誰が考えるだろうか。ニューヨークの劇場でパトカーのサイレンが響き渡って、ニューヨーク市警の警官たちが銃やライフルを持って雪崩れ込んできて、「フリーズ、フリーズ!」「御用だ、御用だ!」って大騒ぎしてる中で幕切れにするなんてこと。あの時は、ニューヨーク市警が全面的に協力してくれた。歌舞伎の公演に。

そんなことを考えられる役者だったね、勘三郎って人は。

尾上菊五郎・菊之助
女形の世界を背負う菊之助と「まほろ」の将来

七代目尾上菊五郎という人は、あまり表立って子供のために何かするとか、面倒を見るということをする人じゃない。「実の子であろうと、自分で這い上がってこい」、「自分でものにした芸じゃないと、身に付くもんじゃないよ」とね。

そんな考え方をする人で、「一人一人がみんな自分の人生を歩みなさい」というのが菊五郎のやり方で、ご自身もまたそう。「俺は俺だ。医者も関係ない」とかね。

その菊五郎を支えてきたのが富司純子（藤純子）さん。他家にご不幸があったり、お祝い事があったりすると、夫婦二人で出かけていく。あの大女優と言われていた人が、夫の後を一歩か二歩下がって、菊五郎と恋女房って感じで、それはもう絵になる。見事なもの。

その長女である寺島しのぶは若いころ、「（弟の）菊之助は歌舞伎が演れるのに、私はなんでダメなのか」と不満で悶々としていた時期もあった。自分の芝居に菊之助を引っ張り出して恋人役をやらせて舞台でキスをした、なんてこともあった。

しのぶに長男の眞秀《まほろ》ができて、本当に良かった。彼女自身はなれなかったけど、これからは息子が出られる。もちろん、続けるかどうかは眞秀本人が決めることだけど、そうなったら、しのぶは眞秀を立派な歌舞伎役者に育てるだろう。

眞秀は日本人以外のDNAを持った歌舞伎役者ってことで、どういう形の役者に育っていくのか、興味もあり、期待もある。

眞秀が将来、役者を続けるとして、そのフランス系のDNAは切り捨てられないわけだから、是非それを活かしてほしい。見得を切るにしても、日本の今までのものとは何か違う形を創っていってくれれば、素晴らしい。

そういう日がきっと来るだろうと、眞秀を見ていると感じる。

母親であり女優でもある寺島しのぶも、お母さんとしてキチンと眞秀を育てている。

眞秀の舞台デビューを追い続けたテレビ番組を見たが、寺島しのぶは優しく厳しく、本当に上手に眞秀を育てている。

七代目尾上菊五郎一家は、菊五郎、純子夫人から始まり、長女のしのぶ、長男の菊之助と、もう全員がね、基本は「自由」。それが基本で、「人様に迷惑をかけない限り、すべて自由」ってとこがいい。

眞秀は見ていて頭のいい子。フランス人のお父さん、日本人のお母さんと、上手に付き合っている感じがする。

七之助とはいいライバル

ところで、若手の役者を見渡すと、五代目尾上菊之助より二代目中村七之助のほうが、人気があるようにも感じるが、今、実力的には菊之助のほうが上にきているだろう。

七之助と菊之助の美しさはちょっと違う。七之助が見せるのは、とにかく男から見てか弱い女性というか、守って支えてやりたい女性。一方、菊之助は場合によっては男も手玉に取る女。そういう部分が、菊之助が見せる美しさにはある。

どちらかといえば、菊之助のほうが役柄が広がっていくかもしれない。悪女もできるから。七之助が目指さなくてはいけないのは、そういう幅の広さ。芯の強い女、男に復讐する女、そうした部分も身に付けたい。

二人はいいライバル。いずれにせよ、これからは、特に女形の世界はこの二人が背負っていく時代がやってくるだろう。

対談

裏方さんに全部聞いた

小道具さんが見てきた「舞台裏と役者の素顔」

舞台製作の仕事などをなさっている手塚優子さんにお話を伺いました。

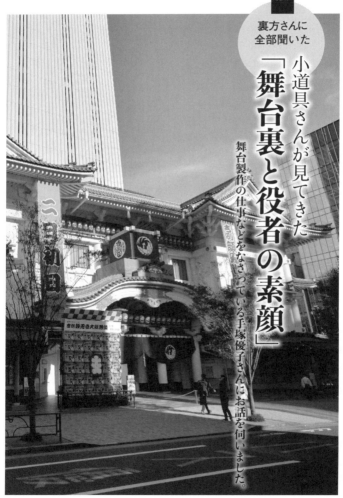

手塚さんは数年間、歌舞伎の舞台の小道具係として働かれていました。その時の体験をもとに、歌舞伎の舞台裏や小道具の仕事などを詳しく話していただきました。

喜熨斗（以下・喜）　子供のころから歌舞伎に興味があったのですか。

手塚（以下・手）　いえいえ、歌舞伎を初めて見たのは大人になって、ずっと後から。2003年の3月に新橋演舞場でスーパー歌舞伎『新三国志Ⅲ・完結編』を見たのが歌舞伎初体験です。

私はずっとオペラの制作や演出関係の仕事をしてきたのですが、2003年1月に新国立劇場の公演『ピルグリム』で当時は澤瀉屋の市川右近さん（現・市川右團次）とご一緒させていただいて早変わりのお手伝いもしたんです。その時に「一度、歌舞伎を見に来ませんか」と誘ってもらったのがきっかけです。

喜　初歌舞伎はいかがでしたか。

手　ビックリしました。「面白い！　こんな世界があったんだ」と。食わず嫌いだったんですね。それからは古典や世話物など、とにかく見まくりました。

喜　いきなりハマってしまったんですね。

手　はい。歌舞伎のことを知らないと日本人として恥ずかしい、とまで思いました。「もっと知りたい。何とかして歌舞伎を勉強できないか」とオペラでお付き合いのある小道具屋さんに相談したんです。そうしたら「じゃ、うちでバイトしますか」って言われて、その会社で歌舞伎の小道具係として働けることになったんです。

喜　それはいつ頃から？

手　２００６年の新春浅草歌舞伎が初めての現場です。ご存じのように若い役者さん中心の舞台で、この時は亀治郎さん（現・市川猿之助）、市川男女蔵さん、勘太郎さん（現中村勘九郎）と中村七之助さん、中村獅童さんたちが出ていましたね。それからは歌舞伎座の建て替えが始まる２０１０年まで、現場で小道具係として働きました。

喜　まずは新春歌舞伎、浅草公会堂の現場初体験はどうでしたか。

歌舞伎公演中の楽屋トイレは、女性用が無い！

手　いきなり驚いたのはトイレです。浅草公会堂は貸し劇場ですから、楽屋側にも男性用と女性用のトイレがあります。ところが、公演が近づいて役者さんが入る段になると、いきなり楽屋側はすべて男性用になる。歌舞伎公演中は一切、女性用は無し！

喜　女性はどうするのですか。

手　少し離れた劇場の関係者用か一般のお客様用のトイレまで行きます。でも、もっと驚いたのは旧歌舞伎座。あそこの楽屋側には元々、女性用のトイレが全く無いんです。当時は女性用を作るという発想も無かったのでしょうね。

喜　確かに歌舞伎の舞台裏は男性中心の世界です。女性は照明さんと小道具さんに少しずつ、鬘《かつら》さんで2、3割、付き人さんにはかなり女性がいます。でも、役者さんが揃うころになると舞台裏は9割以上が男性。「男だらけ」なんです。

喜　旧歌舞伎座は4代目の建物で、戦後すぐの1950年に竣工していますから、相当古かったですね。

手　いろんなものを洗うための水場というのがあって、それが外に作られているんです。冬は本当に寒いし水はもう冷たいし、夏はぐったりするほど暑いし羽虫はいっぱい飛んでいるし。まだこんな「昭和半ば」な設備が残っているのかとびっくりしました。

そこで消えもの（食べ物）の器も洗うし、汚れた小道具や雑巾も洗う。スタッフはもちろん役者さんも、ご自分のお弁当箱や食器も洗っておられました。

私はオペラも含めて全国各地いろんな劇場に行きましたが、ああいう水場は旧歌舞伎座でしかお目にかかっていません。

記念に写真でも撮っておけばよかったですね（笑）。

中村福助さんの出番待ちに

喜　舞台裏の歌舞伎役者はどんな様子でしょうか。

手　歌舞伎の世界はちょっと堅苦しいかと思って入ったのですが、役者さんは気さくな方が多いので嬉しかったですね。

ある歌舞伎座公演の場面転換で、私が狭い階段裏に這いつくばってスタンバイしていたのですが、ちょうどその時に九代目・中村福助さんが出番待ちするために私の後ろを通るんです。

で、その日、私は足袋の裏に穴が開いてしまったので繕って履いてました。それを目ざとく見つけた福助さんが「それって刺繍したの？　上手いねえ」と。それから毎日、新しい足袋にも必ず日替わりで色々な刺繍をして行きました。花とかハートマークとか、そして最終日には「祝・千秋楽」。福助さん、後ろを通るたびに「今日は何？」とか「お、いいねえ」なんて喜んでくれました。ああいう交流って、本当に嬉しいものですね。

喜　福助さん、稽古熱心な、いい役者さんですからね。

手　はい。歌舞伎役者さんは楽屋でも稽古してらっしゃいますね。

千秋楽から4、5日で、もう翌月の公演が始まるから時間がない。だから楽屋で稽古して、舞台を終えてからも習いに行ったりする。楽屋が狭いからと、小道具部屋に来て「ちょい借りるね」と稽古してる人もいました。

「あれ、小道具の俺のほうが上手いな」

喜 福助さん以外にも印象に残っている役者さんはいますか。

手 やはり初めての現場である浅草歌舞伎が強烈で、その時、小道具の責任者から「(市川)男女蔵は弟子がいないから、小道具の受け取りとかも面倒見てやって」と言われたんです。何のことかさっぱり分からなかった。初めてだし。「面倒見る、ハァッ？ 私、小道具係なんだから小道具を渡したり、受け取ったりするのは分かるけど、お弟子さんって？」って感じですよ。とりあえず様子を見ていたら、亀治郎さん(現・猿之助)の時は必ずお弟子さんがいて道具の受け渡しとか全部やってくれるんです。でも男女蔵さんにはだれもいない。ポツンなんです。

喜 男女蔵さんのお父さんの四代目市川左團次のところは、お弟子さんは多くないですからね。当時はお弟子さんが全員、左團次さんに付いていて、男女蔵さんにまで手が回らなかったんでしょうね。

手 そうなんですか。「お芝居なら付人さんがやることを、お弟子さんがされるんだ」と認識しました。もちろん歌舞伎でも付人さんがおられる役者さんも多いですけれど。

喜 お弟子さんといえば、修行中の子たちは見ていてどうでしたか。

手 一人、とても強く印象に残っている子がいます。四代目中村梅玉さんの部屋子で、今は新進の歌舞伎役者として期待されている中村梅丸君。当時の彼は10歳前後だと思うのですが、兄弟子の梅之さん（名題昇進して現在は梅乃さん）が梅丸君をよく歌舞伎座の小道具部屋に連れてきて、三味線を教えていました。

で、この梅丸君が一向に本気モードにならない。

踊りとかお芝居は「才能がある」といわれているんだけれど。小道具部屋にカンヅメにされて三味線の特訓を受けても、横から見ていると、気合いが入ってないというか、子供だからすぐに飽きちゃう。

小道具がヒマな時など、みんなが梅丸君と一緒に三味線弾いて、「あれ、小道具の俺のほうが梅丸より上手いな」とか「俺のほうが後から始めたのに上達が早いぞ、どうする？」とか、からかうんです。
その時はムキになったり悔しがったりする梅丸君が、これまたカワイイ。

名題さんと名題下さん

喜　そんな風に裏側も見てきて、不思議に思ったことはありますか。

手　歌舞伎役者さんには名題さんと名題下さんがいますよね。

喜　そうですね。日本俳優協会の試験（名題資格審査）に合格して昇進披露を行っている人が名題さん、それ以外の人が名題下さん。名題下さんの楽屋は大部屋で、芝居小屋の三階にあることが多いので、三階さんとも呼ばれますね。

手　私が「あれっ？」と思ったのは、立役（男役）をやる人の中には名題さんを全く目指してなかったり、試験に通っても披露しないでずっと三階にいる人がけっこう多いことです。聞いてみると、名題になると自分の「役」が必要になるので、舞台に出られる機会が減って収入も下がってしまうからだとか。

喜　立役の場合、台詞がある「役」よりも、立ち廻りをするとか村の百姓になるとか、そういう仕事のほうが沢山ありますからね。

手　そういえば、立ち廻りが上手で、舞台を掛け持ちしている役者さんもいました。浅草で昼過ぎに終わって、夜は歌舞伎座に出るとか。

喜　三階さんで一芸に秀でた役者は、けっこう引っ張りだこなんです。「ここんとこの立ち廻りは、やっぱり○○さんが入ってくれないと締まりがないなあ」なんてね。一座と座長が認めれば、掛け持ちするのは何の問題もないですし。

手　トンボならお任せ、という三階さんもいました。

喜　高い場所で切られて前方にトンボを切って地面におりて、そこで今度は後方にトンボを切って逃げようとしたところで止めを刺される。そこまで出来るような人は少ないですから、取り合いになる。

手　女形の場合は、またちょっと違うようでした。

喜　女形は人数に比べて「役」が多いので、名題になったほうが、仕事が増えるのでしょう。三階さんの、黙って並んで座っている腰元よりは、名題の一言でも台詞があったり主役にちょっと絡んだりする役のほうが多いようですね。

一つの公演で約1000点の小道具が必要

喜　さて、ここからは小道具さん本来の仕事について伺いましょう。まず、公演に向けての打ち合わせや準備はいつごろから始まるのですか。

手　準備は公演の内容が決まった時点からもう始まります。まずは小道具の責任者が演出家、座長、関係者のご意向・全体のイメージをお聞きします。私はそんな立場ではなかったので、あくまで伝聞ですが、例えば「今回は立ち廻りの動きを鋭くしたいので刀剣類は少し小振りな物を」とか。各々のお家の「型」によって、使う小道具の意匠が変わってくることもあります。その後、個々の役者さんと相談したり実物を見てもらったり。詰めの作業はその前の公演中になるので、歌舞伎座の公演に出ていれば楽屋で、他所に出演中ならそこへ鎧やキセル、下駄などをお持ちするなどして決めていきます。

喜　小道具はどこに保管してあるのですか。

手　例えば前の歌舞伎座ですと、小道具部屋があり、かなりの種類と数が常備されていました。基本的には、用意出来るものはなるべく本物を使うので、割れたり欠けたりもします。だから小道具部屋には予備の品々も沢山入っています。

喜 小道具部屋のものでほぼ間に合うのでしょうか。

手 それは無理ですね。一つの公演で約1000点の小道具が必要といいますから。小道具の会社の倉庫から、連日、歌舞伎座なら歌舞伎座にドンドコとトラック便で運び込まれます。「戦国時代風の派手な扇子を」とか「利休好みの渋い掛け軸を」とかの要望にお応えして、「これはいかがです?」「良いものが見つかりました」と届きます。ピッタリの物がない時は、あちこち探しまわったり、新しく作ったりもします。

喜 小道具さんの仕事で驚いたことは。

手 舞台にお雛様を飾る仕事があります。その時、お内裏様とおひな様の並べ方が関東と京都では違う。関東では向かって左がお内裏様、京都では向かって右がお内裏様。

ま、ここまでは良いとして、さらに細かくあるんです。公家と武家、時代や地方によって、雛人形の数、並べ方、使ってある衣装の布地などがそれぞれ違う。まずは、それを調べなきゃいけない。

その場所、その時代を再現するのが小道具の仕事ですから、専門家に聞いたり文献を探したりして、徹底的に。プロは大変ですね。

小道具さんとして働いて「良かったなあ」と思うこと

喜　公演が始まったらどのような感じですか。

手　11時に開演なら10時ごろから終わるまで、ずっと舞台裏につめています。舞台転換で家具や壺などの置き道具（小道具）を設置したり、壊れ物を直したり。

喜　気が抜けませんね。

手　そうですね。初日の前日や公演が始まってからでも「もう少し軽い物にしてほしい」とか役者さんが言ってくることも少なからずありますから。

そんな時、座長や大御所なら小道具の責任者も「分かりました」と即対応します。

でも若いお弟子さんが来て「あのー、だんなが手ぬぐいを地味目に替えたいと」とか言っても、「色、柄？ どこが悪いの？」「本人が言いにくりゃいいんだよな」とかしばらく待たせておいてから、替わりの物を渡したりします。特に初日なんかは、みんなテンパってますからね。

喜 そうなんです。そこにお弟子さんが〝伝書鳩〟になって、また戻ってきたりする。オロオロしながら「あ、あのー、だんなが、やっぱりもうちょっと明るめの物に戻してほしいと……」。横で見ていても、「お気の毒」です。結局最後は本番に間に合うように役者さんのご要望に沿うものを用意して、お届けするんですけどね。

手 こうして若い役者さんやお弟子さんも、お家の決まり物や小道具の知識も身に付けて行かれるんだと感じました。

喜 最後に、小道具さんとして働いて、「良かったなあ」と思うことは何ですか。歌舞伎役者さんたちの稽古熱心な日々を直に見られたし、小道具さんの「これぞプロ」という現場を体験できたし、良いことばかりです。

手 あと、嬉しかったのは、当時の歌舞伎座では関係者にけっこう招待券をくれたこと。「小道具さん、どうぞ」と劇場側が配ってくれるんです。私はありがたくいただいて、友人知人を招待しました。みんな喜んでくれて。特に、「歌舞伎は初めて」という人にあげると、「行って良かった！」と喜ばれましたね。それをきっかけに歌舞伎ファンになった人もいます。敷居が高いと思っている方もぜひ一度足を運んでいただきたいです。

三

梨園の女たちは何をしているのか

御贔屓筋と先輩役者へのご挨拶はマストで超重要

歌舞伎役者のおかみさんの大切な仕事の一つが、「劇場のロビーなどでご贔屓筋やその日の大事なお客さんにご挨拶すること」。どこの劇場でもおかみさんが立ってご挨拶する。最近は初日、中日、千秋楽の3日、というのが多いようだ。

互いにマナーを分かっているので、この時に大声を出したり騒いだりはしない。頭をさげて、「今月もありがとうございます」「こちらこそお世話になります」といった感じ。

あの藤原紀香が歌舞伎座で初めてご挨拶に立ったときは、ファンの方たちが取り囲んで賑やかになってしまった。

でも、いいじゃないか。一般のファンの人はそんな約束事は知らないわけだし、紀香が悪いわけでもない。

だから、「分かってない」なんて言って、自然な盛り上がりに水を差すようなことはするべきじゃない。

あのファンの熱気から、歌舞伎が若い世代にもっとポピュラーなものになっていけばいいのだから。

歌舞伎界は「礼儀作法の世界」

もう一つ、劇場でのおかみさんの大切な仕事に、「初日や千秋楽に他の出演者の楽屋へ御礼のご挨拶に伺うこと」がある。

夫である役者の出番が多くて、ご挨拶に回る時間がない時などは、おかみさんが一人でこなす。特に格上の役者さんへのご挨拶は絶対に忘れてはいけない。歌舞伎は「礼儀作法の世界」だから。

初日には「ありがとうございます。お世話になります」。千秋楽には「この一か月、本当にお世話になりました。またよろしくお願いいたします」。

例えば、舞台に箔をつけるために、先輩の役者さんにお願いして頭の一場面だけ出演してもらった。ところが、着替えや出演で大忙しで役者本人が先輩への挨拶をできなかった。

そんな時は、終演後すぐに先輩の役者さん側に連絡して都合を教えてもらい、自分はどんな約束もすべてキャンセルしてお詫びに伺う。先輩が大阪の自宅に帰っていようと、次の公演のために福岡に移動していようと、すぐに本人が、あるいは夫人が行かなければならない。

そして、誠心誠意、礼を尽くす。歌舞伎界とは、そういう世界なのだ。

「お上がりやす」を真に受けてはいけない！

ご贔屓筋へのお礼のご挨拶などは、おかみさんだけで回ることが多い。役者本人に来られてしまうと、ご贔屓筋も何かしなきゃいけなくなるから。何のもてなしもしないで「ご苦労さま」だけで返すわけにはいかない。

だから奥さん同士のご挨拶で留めておく。ご贔屓筋の奥さんがご主人に「お昼間に○

○さんのところからご挨拶に見えました」なんて報告する。もちろん相手を見ながらだが、大袈裟に伺ってかえって迷惑を掛けちゃいけないって判断したら、おかみさんだけがご挨拶に行く。

挨拶回りでは、特に京都は大変。「お上がりやす」と3回言われても、絶対に上ってはいけない。4度目に、ちょっと考えなさいって感じ。3度ではダメ。3回言われて、ひょこひょこ上がったりすると、”厚かましい“というか、”礼を知らない“というか。京都はそういうところ。東京はもう少し本音だから、全く思ってもいないのに「お上がりください」とは言わないからね。

これは地方によって違う。「どうぞご飯を食べていってください」と言われてご馳走になったら、後で、陰でボロクソに言われていたとか。その辺はみんな苦労している。

例えば中村芝翫の奥様の三田寛子さんにしても、最初のころは、そうしたことがかなりあったようだ。一般の家庭から入って歌舞伎役者の妻になったって人は、特に四苦八苦している。迎えたほうも最初は「普通の家からだから仕方ないね」とは言ってくれるが、やはり早く勉強しないと。甘えてばかりはいられない。

「役者の女房になって、いったいどれだけ経つ。まだそんなことも分からないのか」と言われてしまうから。

着物でわかる女たちの「格」

ご贔屓筋のご婦人や役者のおかみさんが着ている着物の良し悪し、格、ハッキリいうと高級かそれほどではないか、実はズバリ分かる。一番わかるのは素材。

梨園では、本物の絹100%、いわゆる本絹、しかも最も上質な本絹だけを使った着物はめったなことでは着られない、着てはいけない。絹にはいろいろランクがある。一番高級な物はご贔屓筋の上のほうのご婦人だけがお使いになる。

おかみさんはご贔屓筋よりも、ちょっと控えた物を着る。この辺のところ、微妙で大事なこと。分かる人には分かる。

色合いや柄は、お客さんがどんな物を着てくるか分からないから、それほど関係ない。

ド派手はマズイが、色や柄は人によって好みも感じ方も違う。おかみさんは地味目にと考える人もいるが、控えすぎると「暗い」とか言われる。

ワイドショーや女性週刊誌にはそこが分かってないスタッフやコメンテイターもいて、「藤原紀香の着物はハデ過ぎる」とかトンチンカンなことを言う。色も柄も関係ない。自分の立場にあった素材を使った着物かどうか、そこが大事なところ。

今、梨園の中で一番いい素材の物を着てもいいのは、扇千景さん。今の梨園で最も格上と言われる四代目坂田藤十郎のおかみさんで、しかも彼女自身が元参議院議長だからね。これはもう別格。文句なし。

役者の家でお祖母ちゃんは特別な存在

25日間の宙乗りを終えた「海老蔵・勸玄父子」を、自宅で迎えたのは勸玄のお祖母ちゃん、十二代目市川團十郎の妻、希実子さんだった。「麻央さん」亡き後、市川宗家である「海老蔵一家」の土台を固めているのが希実子さん。

実は、歌舞伎役者の家にとって、このお祖母ちゃんの存在は特別な意味を持っている。

そもそもお祖母ちゃんは先代の"芸"を最も身近で見続け、「家に伝わる"芸"がどのようなものか」「その伝統がどのようにして伝えられてきたのか」を、身をもって知る人。

初めての役に挑戦する時の夫が、寝床に入ってからも台詞の暗唱を続けるので、眠ることができず、明け方には夫の台詞を覚えてしまっていた。数百枚に及ぶ挨拶状を一日中正座して書く。その際、一人一人の顔を思い出しながら書く。そうすることで贔屓の方の顔を覚えることができる。

これらは、お祖母ちゃんにしか伝えられない「歌舞伎の家のマル秘の秘」なのだ。

中村獅童のお祖母ちゃんを紹介しよう。

二代目中村獅童のお祖母ちゃんは、父の先代、中村時蔵の奥さんだった人で「歌舞伎界のゴッドマザー」と言われた「小川ひな」さん。

「なんでも教えてもらえる人、誰よりも厳しい人だった」というのが獅童自身のお祖母ちゃん像だ。獅童はそのお祖母ちゃんに手を引かれて歌舞伎座に通い、歌舞伎が好きになった。

「役者は"品"が命ですよ」

「"品"の良し悪しは日頃の生活から滲み出て来るもの。だから、朝一番のご挨拶が大切なのです」

今も獅童の魂に刻まれている「お祖母ちゃんの一言」だ。

"京都不倫騒動"雨中の記者会見

歌舞伎の女形の歴史に燦然と輝いた名優といえば、六代目中村歌右衛門。その甥にあたる七代目中村芝翫も既に故人となったが、妻の雅子さんはご健在。16年には、次男、橋之助による八代目芝翫襲名が行われた。

その八代目の妻が、あの三田寛子さん。寛子さんにとって姑にあたるのが雅子さんだ。当の雅子さんは、あまり表にはお立ちにならない人だが、かつて歌右衛門亡き後の歌右衛門家を切り盛りされた"お力"のある人なのだ。マスコミへの対応に定評のある寛子さんの陰には、「雅子さんの存在がある」と囁かれている。

記憶に新しい"京都不倫騒動"の際、降りしきる雨の中「これからも主人を支えて参ります。八代目をよろしくお願い致します」と応対した寛子さんの姿に、夫芝翫の母、雅子さんの存在を重ねた人も多かったと言われる。

「男、一世一代の晴れ舞台に顔を出すなどとは、不用意にもほどがある」と非難する声もある中、ひたすら、わが夫の不徳を詫びた三田寛子さんの"雨中の記者会見"には多くの賛辞も寄せられ、１００点満点だとも言われた。

まさに、芝翫一家、橋之助・福之助・歌之助・寛子さんの後ろ盾として、「雅子さんあり」である。

好江杯争奪ゴルフコンペ

この八代目芝翫一家の叔母にあたるのが、故・中村勘三郎の妻、好江さんだ。

好江さんは七代目中村芝翫の次女で、中村勘九郎・七之助兄弟の母、そして勘九郎の息子たち、勘太郎・長三郎のお祖母ちゃんだ。

亡き十八代目中村勘三郎の姉である、劇団新派の看板女優、波乃久里子さんによれば、「あの夫婦は〝愛の往復切符、婦唱夫随、夫唱婦随〟なの」とのこと。

中村勘三郎の日々、重要な場には常に好江さんが居た。

「手術をすると〝声〟を失うことになるから手術はしない」と決断した勘三郎を懸命に支え、共に病と戦い抜いた、あの強さは「愛そのものの力」だったのだろう。

勘三郎が生前に企画した「好江杯争奪ゴルフコンペ」は、その後どうなっているのだろうか？ 「アレはねェ、たった一回だけのホールインワンなんだよ！」と、天からの声が聴こえてくるようである。

大女優が梨園の妻となって務まるのか

この人を、お祖母ちゃんと呼んだのでは、抗議の声が押し寄せること必定なのだが……。

寺島純子さんに登場して貰おう。

「音羽屋一家」のお祖母ちゃんは、七代目尾上菊五郎夫人である。若手歌舞伎役者の代表格で、人気女形である尾上菊之助の母。その菊之助の子、和史君のお祖母ちゃん。

さらに、長女である寺島しのぶの長男、眞秀君の歌舞伎デビューを応援したこの人が、"女仁侠・緋牡丹のお竜"その人だということを知らない人も増えているだろう。

往年の映画監督、マキノ雅弘の"秘蔵っ子"として女博徒を演じて、東映黄金時代を築いた大女優「藤純子→富司純子」こそ"音羽屋の大内儀"寺島純子さんなのだ。

66年のNHKドラマ「源義経」で共演した尾上菊五郎（当時は菊之助）と5年越しの大恋愛の末に結婚し、「菊と藤の祝言だ。めでたい、めでたい」と囃された。

「大女優が梨園の妻となって務まるのか」と心配する向きもあったようだが、どうしてどうして、菊之助（当時）もたいしたもので、羨ましがられる程の和やかな家庭を作り上げ、やがて子宝にも恵まれ、73年に菊五郎を襲名する頃には「梨園で一番の幸福家庭」とまで言われるようになった。

そこに飛び込んできたのが、フジテレビ系のワイドショー「3時のあなた」の司会役だった。出演交渉に出向いたフジの関係者がひっくり返る程の"快諾"を得て、TV司会者「富司純子」が誕生した。

「可愛い女(人)」というのが当時の関係者の定評であったが、その評判はスタッフ間だけではなく、視聴者の間にも拡がっていった。

○自ら仕事を持ちながら務める梨園の妻、それを許す夫、菊五郎。
○娘の映画でのフルヌード場面にも驚かず。
○仏人男性との結婚にも異議は唱えず、二人の間に生まれた子の歌舞伎デビューを果たす。
○どこまでも自由で、個人を尊重する。

そんな寺島家の家風は、どこまでも一人一人の個性で自由に生きる、という菊五郎の人生観に根ざしたものだ。

菊五郎本人は「晩酌くらいにしておきなさい」という医者の言葉に、「俺の晩酌の量を知らねェな!!」と、相変わらず豪快そのものである。

三　梨園の女たちは何をしているのか

浅草

歌舞伎の名所と史跡を散歩する

―歴史はこの地で刻まれてきた―

天保13年（1842年）、緩んだ江戸の風紀を引き締めようと、幕府は官許の芝居小屋に浅草への移転を命じた。その周辺は猿若町と名付けられ、以来、浅草は歌舞伎と共に隆盛を極めていく。

お勧めコース

1 河竹黙阿弥翁住居跡之碑
2 浅草公会堂・手形
3 浅草寺
4 市川團十郎「暫」の像
5 浅草神社
6 姥ヶ池之旧跡
7 助六歌碑
8 山の宿の渡し跡
9 三圍神社
10 長命寺桜もち
11 桜橋
12 竹屋の渡し跡
13 平成中村座発祥の地
14 待乳山聖天
15 池波正太郎生誕地碑
16 江戸猿若町市村座跡碑
17 猿之助横丁碑

田原町駅界隈の見どころ4ヶ所

18 岡崎屋勘六の墓
19 長谷川一夫の碑
20 久保田万太郎生誕の地
21 銀座線田原町駅ホームの家紋

お勧めコース
1~17MAP
今戸神社
今戸1
浅草4
慶養寺
向島5
隅田川
浅草2
言問通り
浅草花やしき
319
浅草神社
三峰神社
浅草寺
助六夢通り
6
言問橋
小梅小
花川戸2
浅草小
伝法院
向島3
都営浅草線
牛嶋神社
本行寺
浅草1
浅草駅
花川戸1
向島1
雷門通り
墨田区役所
吾妻橋

1

河竹黙阿弥翁住居跡之碑

河竹黙阿弥は幕末から明治にかけて活躍した歌舞伎狂言作者。文豪の坪内逍遥に「我国のシェイクスピア」として讃えられた人物だ。浅草観音境内の正智院地内に居を構えてからの約40年間を創作活動に費やした。

2

浅草公会堂・手形

正面玄関前の「スターの広場」には浅草に縁のある芸能人の手形とサインが並ぶ。市川團十郎、尾上菊五郎、片岡仁左衛門、中村吉右衛門、坂東玉三郎と、歌舞伎役者も錚々たる顔ぶれ。

3 浅草寺

坂東十三番札所・江戸巡礼一番札所、浅草観音で知られる浅草寺。「東海道四谷怪談」の序幕は浅草寺境内の楊枝店と茶店が舞台。多くの歌舞伎役者の祈願所でもあり、歌舞伎との縁が深い。

4 市川團十郎「暫」の像

九代目市川團十郎は劇聖とまで謳われた明治の名歌舞伎役者。浅草寺境内にあるのが、歌舞伎十八番の一つ『暫』の像だ。第二次世界大戦中に失われたが、1986年の十二代目市川團十郎の襲名記念に復元された。

5 浅草神社

明治から昭和にかけて活躍した歌舞伎役者である初代中村吉右衛門や初代市川猿翁の句碑をはじめ、歌舞伎狂言作者の河竹黙阿弥顕彰碑など、浅草神社境内には歌舞伎に縁のある石碑がたくさんある。

6 姥ヶ池之旧跡

その昔、花川戸公園のあたりは姥ヶ池と呼ばれる大きな池であったという。その池にまつわる伝説が“浅茅ヶ原の鬼婆”。河竹黙阿弥作『一つ家』として歌舞伎の演目にもなっている。

7 助六歌碑

碑面に刻まれた歌は「助六にゆかりの雲の紫を 弥陀の利剣で鬼は外なり 団洲」とある。九代目市川團十郎が自作の歌を揮毫したもので団洲は團十郎の雅号。歌舞伎十八番の一つ『助六』は代々の團十郎が伝えている。

8 山の宿の渡し跡

山の宿の渡しは、隅田川にあった渡し船の一つ。江戸時代中期、隅田河畔は墨堤と呼ばれ、江戸市民の行楽地として賑わっていたという。特に春の桜の季節は、多くの観光客を乗せていたのではないだろうか。

三圍神社 9

三圍神社の鳥居や土手は「道行浮塒鴎」「桜姫東文章」「法界坊」など、歌舞伎の舞台背景に登場する。老翁の像の周りを白狐が三度回って消えたという縁起から「三圍」の名がつけられたという。

10 長命寺桜もち

三圍神社のほど近くにあるのが有名な「長命寺桜もち」。「法界坊」の序幕にも登場する桜餅に思いを馳せながら、ここでひと息入れるのもいいだろう。桜もち1個（煎茶付き）300円。持ち帰りも可能だ（1個200円）。

桜橋 11

清元の「隅田川」をはじめ、歌舞伎には“隅田川物”と呼ばれる演目が多い。隅田川に架かり、両岸の隅田公園を結ぶのがこの桜橋。隅田川唯一の歩行者専用橋で、Xの形が独特である。

12 竹屋の渡し跡

山谷堀口から対岸の三圍神社の前あたりを結んでいた、隅田川の渡し船の一つ。江戸時代、隅田川を臨む今戸や橋場は風光明媚な地として知られ、文学や絵画の題材となり、竹屋の渡しを描いたものもあるという。

13 平成中村座発祥の地

五代目中村勘九郎（後の十八代目中村勘三郎）が中心となり、2000年11月に「平成中村座」として初公演した場所。勘三郎亡き後も遺志を継ぎ、場所を変えて公演を続けている。

14 待乳山聖天

毎年1月7日の大根まつりで有名な「待乳山聖天」は正式名を「本龍院」といい、浅草寺の支院である。歌舞伎では隅田川物の背景によく描かれており、法界坊が住んでいたといわれる聖天町はこの辺りだ。

15 池波正太郎生誕地碑

戦後を代表する時代小説・歴史小説家である池波正太郎は1923年1月25日、旧東京市浅草区聖天町61番地（「待乳山聖天」の南側）に誕生した。関東大震災により焼失し、生家は残されていない。

16 江戸猿若町市村座跡碑

天保末期から明治にかけて1丁目に中村座、2丁目に市村座、3丁目に河原崎座（後の守田座）があり、芝居町を形成していた。1964年、江戸歌舞伎興隆の場となったこの地に跡碑が建てられた。

17 猿之助横丁碑

明治から大東亜戦争後にかけて活躍した歌舞伎役者、2代目市川猿之助が住んでいたことから「猿之助横丁」と呼ばれるようになった。この碑は一度戦争で焼失したが、1961年に再建された。

田原町駅界隈の
見どころ4ヶ所

18 岡崎屋勘六の墓

岡崎屋勘六は歌舞伎文字として知られる勘亭流の祖。1779年に中村座の依頼を受け春の狂言の大名題を書いたのがはじまり。独特な書体の勘亭流の文字は、歌舞伎にとって欠かせないものになっている。

19 長谷川一夫の碑

清光寺の境内、岡崎屋勘六の墓のそばにあるのが長谷川一夫の碑。昭和前期の日本映画を代表する二枚目俳優で、坂東妻三郎、片岡千恵蔵、市川右太衛門らと共に「時代劇六大スタア」と呼ばれた。

20 久保田万太郎生誕の地

大正から昭和にかけて活躍した小説家・戯曲家・俳人。下町の義理・人情を描写した作品を数多く残し、歌舞伎の演出など多方面に尽力。1889年に誕生し、26年間をこの地で過ごした。

田原町駅界隈の
見どころ4ヶ所

21 銀座線田原町駅ホームの家紋

田原町の駅に降り立ったら、改札を出る前にホームの壁上部をご覧いただきたい。歌舞伎座の座紋である「鳳凰丸」をはじめ、歌舞伎役者たちの家紋などが多数並んでいる。

18~21 MAP

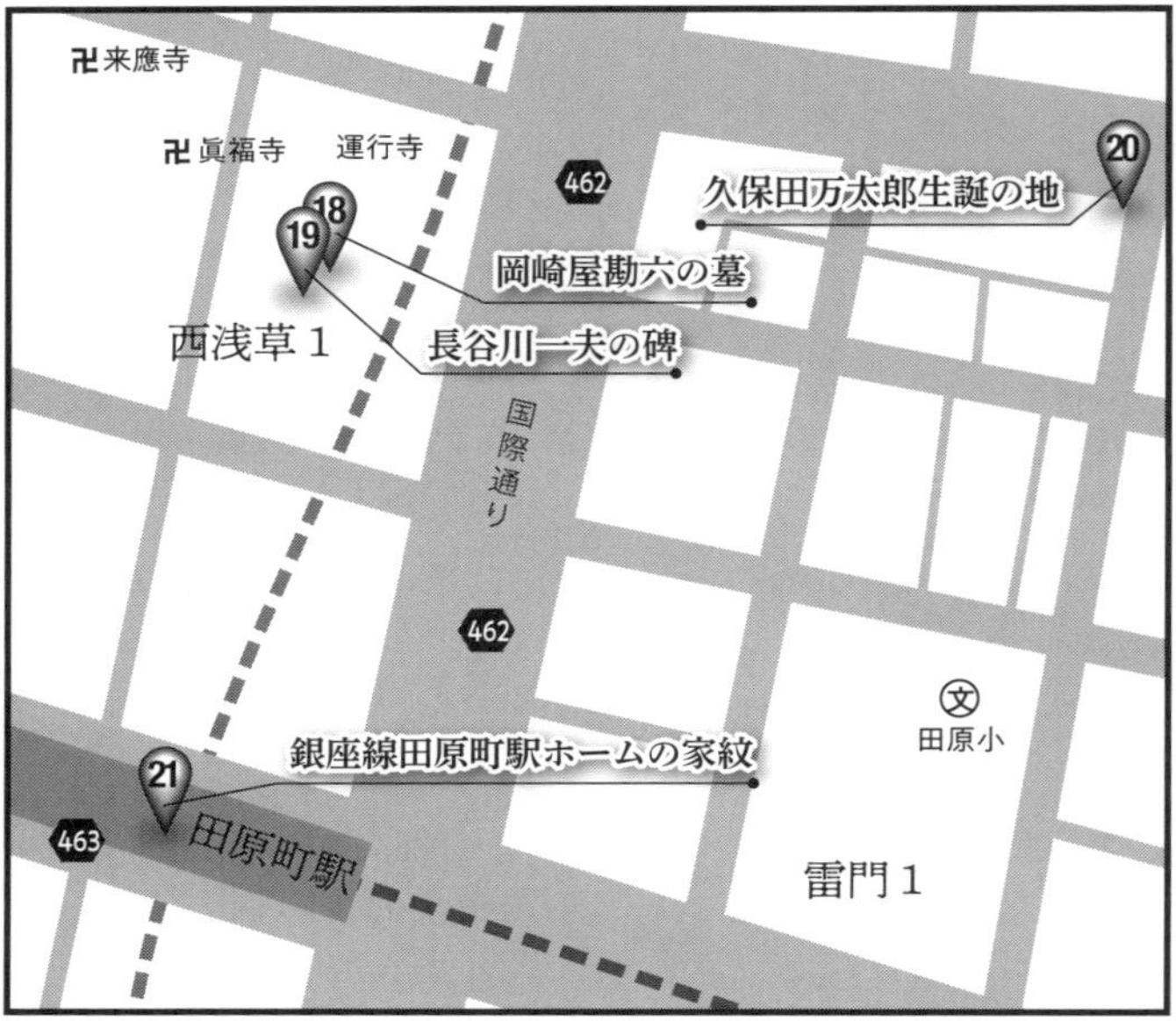

四

歌舞伎役者の裏の苦労と私生活

ファミリーを作り弟子と仲間を育てる

同じ屋号のもとで座長と一緒に仕事をする人たちのことを、私はファミリーと呼んでいる。このファミリーには舞台に立つ役者だけでなく、お弟子さんやスタッフ、役者と舞台を支えてくれるすべての人を含んでいる。

例えば、また自分の親戚を例にあげて恐縮だが、市川猿之助を座長とする澤瀉屋のファミリー。このファミリーは、実際には創業者である初代の長男、二代目市川猿之助（初代市川猿翁）が築き上げた。その組織を少しずつ大きくしながら、今は二代目のひ孫である猿之助がしっかりと継いでいる。

この澤瀉屋ファミリーの中興の祖と言えるのが二代目猿之助の孫で、今の猿之助の叔父にあたる二代目市川猿翁（中車の父）。この人は多くの役者を育てた。

独立行政法人「日本芸術文化振興会」が一般から募集して、国立劇場施設で歌舞伎役者の養成を始めたのが１９７０年。

ところが、そこの卒業生たちはどこが引き受けるのか？　演じる場がなければ仕事にならない。

その時、「じゃ、俺が引き受けるよ」と言って、大勢の役者の卵を弟子にして預かったのが二代目猿翁。自分が関わる公演を増やして、弟子にした養成所の卒業生たちにドンドン役を与えていった。その人たちがみんなファミリーになっている。

愛之助ファミリーと、獅童ファミリー

同じように、今の澤瀉屋ファミリーの若手の役者たちは、今の猿之助の弟子。このファミリーの人間的温かさが、途切れずに続いてきている。

ファミリーには衣装さん、床山さん、小道具さん、みんな入っている。きっちり澤瀉屋の一員と決まってるわけじゃないけれど、やっぱり猿之助好みの衣装や髪が得意という人たちがいて、公演になると集まって来てくれる。そして「来月は別の座長の公演」となると、そういう人たちがガラッと入れ替わる。

このファミリーを作るという点で、私が期待しているのが片岡愛之助と中村獅童。二

人は今、ほぼ座長クラス。そして変なしがらみは持っていない。

愛之助は関西の歌舞伎界で修業して、そこから一本立ちして、お客さんを呼べるようになった。その力がもっと育っていくと、そこにさらに役者と支えてくれる人たちが集まり、徐々に愛之助ファミリーが出来ていく。

獅童はもちろん中村時蔵家ではあるけれど、一家の一人というだけで、縛られてもいなければ強い影響もないという状況。獅童は獅童のカラーでファミリーを作っていける。「作ってよろしい」という立場にいるのだから。

これはもう、期待できる。いずれ愛之助ファミリーと獅童ファミリーがしっかりと出来上がって、もし二人が手を結んだら、なんて考えるだけで楽しい。それは歌舞伎界がダイナミックに変わっていく、大きな大きなきっかけになるかもしれない。

御贔屓筋の開拓・確保
今また復活した花街の「総見」

ご贔屓筋を新規開拓する、増やしていくのは大変だ。そのご贔屓の開拓、確保ってことで一番成功してるのは澤瀉屋、市川猿之助の一門。

今の猿之助は歌舞伎座クラスのキャパの劇場で、2か月連続で芝居を打っても、毎日満席になる。これは猿之助の実力と人気もあるが、多くのご贔屓筋に支えられている面が非常に大きい。とにかく切符が捌ける。だから松竹も澤瀉屋を大事にする。

澤瀉屋の歴史は初代市川猿之助から。後に二代目市川段四郎を名乗るこの役者の妻が、吉原の妓楼の娘で名は古登。結婚当時は市川團十郎宗家から破門されて苦しんでいた夫を支えるため、古登は自ら実家近くで妓楼を買収、「澤瀉楼」と名付けて経営し始めた。

これがそのまま一門の屋号となった。

この妓楼「澤瀉楼」を贔屓にしてくれたのが、江戸から続く商家の人たち。中には三越、白木屋といった名だたる大店も。彼らがそのまま歌舞伎の「澤瀉屋」も贔屓にしてくれた。また、浅草寺を中心とする浅草一帯の古い社会の実力ある人たちも澤瀉屋一門を応援してくれた。それが今に繋がっている。

創業者である初代から数えて、孫の長男にあたるのが二代目市川猿翁（中車の父）で、孫の次男が四代目市川段四郎、そしてその四代目段四郎の長男が四代目市川猿之助。

この3人は一門の財産であるご贔屓筋をしっかり受け継いで大切にし、さらにそこに、自分たちの芸でお客さんを呼び、新しいファンとご贔屓筋を増やしていった。

大したものだと思う。澤瀉屋は元々、市川宗家の弟子筋で、一度は破門されてるわけだから。その不肖の弟子筋が、歌舞伎界の中で大手を振って歩けるようになった。それだけでもスゴイこと。しかも完全に独立して、"新興の名門"として認められている。

しばらく廃れていた「総見」の開催

ご贔屓筋の確保といえば、こんな方法もある。芸者さんたちに助けてもらうのだ。東京でいえば、新橋、神楽坂、赤坂、向島、浅草、芳町、大塚などが花街として盛況を誇っていた。

そこで例えば、「次は神楽坂の日」と日にちを決めて、劇場の一角を貸し切りにして、神楽坂の芸者衆をドドーッとご招待して舞台を見てもらう。

これが「総見」。芸者さんたちにはそれぞれ良いお客さんが付いている。複数のパトロンや裕福なダンナさんがいる人も。その彼女たちが自分のお客さんやダンナを歌舞伎に引っぱって来てくれる。そして「今度の芝居、いいわよ」なんて、花街やお座敷で大宣伝してくれる。口コミほど効果的なものはないから。

この総見は、しばらく廃れていたけれど、最近になってまた、開催され始めたようだ。華やかで、歌舞伎にとっていいことだと私は思う。

験《げん》を担いで毎日同じことを繰り返す

役者は、毎朝同じものを食べる人が多い。

例えば、白いご飯1膳半にワカメと豆腐の味噌汁、アジの開き、ナスのショウガ炒め、アサリの佃煮、食後に濃い緑茶とリンゴ2切れ、とかね。全品、量も味付けも全く同じものを、舞台の初日から約1か月間、毎日食べ続ける。もし初日の朝がトースト2枚に苺ジャム、ハムエッグ、コーヒーだったら、やはり1か月間、全く同じ洋風の朝食を食べ続ける。

それは、怖いから。いつもと違うことをすると、つまんないところで失敗するんじゃないかと怖いから。

何時に楽屋へ入って、水分は何を取って、いつ舞台へ出て、その後ちょっと休んで甘味は何をいただいてと、毎日同じことを繰り返す。でないと次が始まらない。怖い。

極端な場合、10時45分にトイレに行くと決めている人もいる。そこでいつも通りにキチッと出しておかないと、落ち着いて今日の舞台ができない。とにかく「いつもと違うことはご勘弁」。これが役者の共通心理だと思う。

ここだけの話

ですから寝る時間も同じ。寝間着やパジャマも同じもの。

そこに新しい、浴衣の糊付けが強すぎたりすると「なんだ、これは！」となる。「お前は役者が分かってない！」と。ま、おかみさんも大変。

ここだけの話だが、初日の前夜におかみさんとコトに及び、その勢いで舞台に立ったら「力のある芸だ」なんて大好評。

で、こりゃあ同じことをと、1か月毎日おかみさんと「いたしました」なんて役者がいたそうだ。おかみさんはキチンとそのお相手を務めないといけない。これはまあ、おかみさんが大変というか、それより役者のほうがもっと大変というか。

芸の伝授は直でマンツーマン

歌舞伎の芸は直に教わることが大事。親から直接、手取り足取り伝授される。それが出来なければ親戚や一門の先輩から教わる。一門に適役の者がいなければ、伝手を頼って他の一門の役者にお願いする。とにかく直。歌舞伎の芸を身に付けていく最上の道はこれに尽きる。

その伝手さえないとなると、にっちもさっちもいかない。舞台に立てない。すると「古い映像はないか」「○○さんが演ったときのVTR、誰か持ってないか」となる。

でも、映像を朝から晩まで見て真似するより、直にひととき、2時間教えてもらうほうが、役者にとって100倍の価値がある。

教え教わり、お互いに嬉しい

直の場合、頭から最後までの流れを互いが演じ合いながら教わったあと、さらに3つ4つ、大事なポイントを教わる。「喧嘩の場面、階段2つ上がったところで一瞬止まって、息を吸ってから一気に……」とか。

これが大事。それでもう、バトンタッチしたことになる。「○○さんの芸を伝授してもらった」「この舞台は○○さんの形で演ってる」と言えるようになる。というか、それ以前に、この世界では芸を見れば「これは○○さんに教えてもらっている」と分かる。

あとはそこに、自分なりに勉強してきたことを加えてもかまわない。

教わった、稽古を付けてもらったら、舞台初日に自宅まで御礼のご挨拶に伺う。そして千秋楽の日にもまた、ご挨拶に伺う。

「無事ひと月、務めさせていただきました。ありがとうございます」

教えたほうも、一度や二度はその舞台を見にいっている。やはり自分の芸を伝授したのだから気になるだろう。それでまた教えてくれたりする。

「あの別れの場面、もっとゆっくり引いてったほうがいい」とか「ぐいぐい飲むときの仕草、表情、ありゃ粋で良かった」とかね。

そんな話をしながら、お互いに嬉しい。

24時間いつも役者顔をキープする

役者は24時間、いつでも役者。私生活、プライベートな時間でも、いつも何かを演じている。

私が子供のころ、父親の市川小太夫が何かブツブツと説教めいた独り言を言ってることが時々あった。「なんで大事な時にいないんだい」「近頃の君は、気が抜けてるんじゃないか」とか。すると翌日、そのまんまの口調で母親を説教し始める。

夫婦喧嘩をするにも起承転結がキチッとした台詞を考えてリハーサルしていたのだ。そして、いざ"本番"になって途中で母親が言い返すと、「いや、さあ、それは違う。ものの道理は……」とかなんとか、いかにも台詞っぽく父親が続けるわけだ。

常に「見られている」という意識

休日に出かける時も、役者そのものだった。「銀座へ行くよ。付いておいで」なんて私も連れていかれる。で、家を出てから帰るまで、どっから見られても自分の裏が出ないように、常に表の顔を見せる。構えている。演じている。

百貨店の階段では、背筋をツンと伸ばしてトントントンとリズミカルに上がる。食堂に入っても、真ん中のほうのテーブルにツ、ツ―ッと歩いて行って、ス、パッと椅子を引いて綺麗な姿勢で座る。そして「勝は、何がいいんだい」なんて私に聞いて、女給さんにきりっとした笑顔で注文する。食べ方も間とリズムが良くて綺麗だった。常に「みんなに見られている」という意識を持って動く。

ふ――。私はそういうのがどうにも苦手で、嫌で、「これは自分には無理だなあ」と感じていた。役者にならなかった一つの理由は、やはりそれかもしれない。

役者同士の飲み会はズーッと芸の話

千秋楽の幕が降りた。明日は休み。稽古も何もない。なんという解放感！

そんな夜に役者たちが飲み始めると、芝居談義に花が咲いて、そりゃあもう熱い夜になる。座長の周りに弟子が集まり、終わったばかりの舞台の一場面一場面を、ああだこうだと。「だんな、あの居酒屋場面の流し目は色っぽかった」「そうかい、お前もちゃんと見るとこ見てるねえ」なんてね。

サラリーマンなら「今日は仕事の話は無しにして」とか言って野球やゴルフ、嫁さんへの不満話、グチなんかで盛り上がることもある。

でも歌舞伎役者は最初から最後まで、ズーッと芝居の話、芸談義。熱く語り合ってアッという間に3時、4時。横で聞いてると、それはそれでホントに面白いが、座長や兄弟子へのヨイショも多いので、鼻につくこともある。

團十郎一家の芸談義も熱い

役者をやってる家族だけで集まって飲むこともある。家族間なら損得は関係なし、忖度もいらないから、本音で意見をぶつけ合う。お互いの芸を批評して、きついパンチも撃ち合う。引かない。

私の父や兄もそうだった。

海老蔵も妹の市川ぼたんさんも、父である十二代目市川團十郎が相手でも、芸の話だと「俺ならこうやる」、「私はそうは思わない」なんて、なかなか引かなかったそうだ。

いいねえ。私も横で、團十郎一家の熱い芸談義を聞いてみたかった。

こうした飲み会は、反省会ともいえるし、次の舞台のための勉強会でもある。

役者たちの芝居に関する考え方の、微調整の場でもある。あっという間に夜が明けていく。

今は「私立校に入学」、昔は「気がついたら舞台の上」

歌舞伎役者の家に生まれ、子役デビューして役者の道を進む男の子たちも、学校へは普通に通う。一般の子よりも休むことは多いだろうが、あんまり休むと人として友達付き合いもできなくなる。その辺は母親のコントロール。

どうしても休んで舞台に出なきゃならない、なんてことは、そんなにない。

ただ、父母のほうが張り切ってしまって、「もっと舞台を経験させたい」となると、学校とのかね合いが難しくなる。そのケースのほうが多いと聞く。最近は、ほとんどの子が私立の学校に入るから、事前に学校側と相談しておくようだ。

昔はまったく違う。物心ついて、気がついたら舞台の上にいた、とかね。でも今はもう完全に中学までは義務教育。「一般と同じ教育も必要」ときちんと考えて、さらに上の高校まで行かせる家が多い。

またそうじゃないと、年齢相応の芸を身に付けるのは難しい。だから、だいたい高校を卒業して18歳で本格デビュー、となる。

”役者バカ“をお許しください

歌舞伎の舞台は月初から始まって25日間続き、月末に千秋楽。前後に1日、2日ズレることもあるが、歌舞伎座を始め全国どこの劇場でも基本はこのパターン。だから歌舞伎関係の行事やお祝い事は月末の千秋楽後の数日間にやることが多い。

ある若手役者が3月31日に結婚披露宴を開いた。

すると来てくれた一般世間のお客さんが「年度末のこの最中に、なんで結婚式をやるんですか」。お祝いの挨拶に立ってくれた企業の役員からも「なんでまた忙しい年度末に？」と言われた。

役者のほうは何を言われているのか分からず、「え、年度末って何ですか？」。

これ、本当にあった話。ちょっと昔は〝役者バカ〟なんて言われて、世間の常識はほとんど知らなくても芸のことだけは任せてくれという者がけっこういた。

だからみなさん、ひとつ大目に見てやってください。

歌舞伎を生んだ男と女

「出雲の阿国と團十郎の物語」

この物語は、歴史文献や図画により史実と確認された、あるいは史実であると推測される事項を基に大筋を構成しているが、細部は、著者の創造・フィクションである。

「巫女の中でも、一番の上手なそうな」

京。鴨川の川面を渡る風は、都の季節を巧みに摑んで、町屋に暮らす人々に折々の季節を知らせる。

その風が、そろそろ秋の色を届けてくれる頃。流れが急に東によれて、その分西側の河原に余裕が出来たその一角に、年の頃なら12、3歳だろうか、何処といって特に目立つところも無いような女が、仲間の男たちが囃す笛の音をたよりに手振りよろしく舞う姿が、人々の噂となっていた。

「あれは何者?」という詮索が、様々な"ありそうなこと"を尾ひれにして広がっていった。

”さすがにそれはあるまい“というものを除いてゆくと、

「出雲大社の巫女さんらしい」

というのが、数多くの噂の中から生き残った。

確かに仲間の男が吹く笛の音には、何処となく”神事“めいた響きが感じられたし、身振り手振りにも”女“を売り物にするような所はなく、その舞姿は動の中に静を感じさせるような”不思議な趣向“が滲み出ているようであった。

「出雲の巫女の中でも、一番の上手なそうな」という評判は、彼女ら一行の格式のようなものを高めるのに役立った。

やがて、女は名を阿国(おくに)というらしいことが広がると

「出雲の阿国」

という耳ざわりの良い呼び名は、たちまち京の街中に広がっていった。

そして、鴨川の夜風を衣の裾にからませなが

出雲の阿国

ら舞う女「出雲の阿国」は、男たちの心を鷲摑みにして、都大路を駆け抜けて見せたのだった。

「天下様のご所望で、舞うているとぞ」

阿国の実家は今でいう「鍛冶屋」で、鎧兜や槍、刀の鋳造を業としていたらしい。現代風にいうなら「軍需企業」だから、金持ちの娘だったのかもしれない。

そのせいか、男も蹴散らすような荒々しさと、時にすましたような立ち居振る舞いが美しく、言うに言われぬ魅力となって男心を誘ってみせた。

鑪《たたら》というのが銑鉄を業とする者の古くからの呼称。石と火を相手に戦う過酷な日常の中で生きていく者たちで、「強さの中から美しいものが生まれる」という信念が一族の支えとなっている。

地面を均して火をおこし、石を砕いて鉄を採る。鑪を業とする者にとって、地面を均すくらいのことは手慣れたもので、河原の石を除けたりまとめたりして舞台を作るのは造作のないことであった。

夜更けまでの〝騒ぎ〟が終わると、河原の一角に、五間四方もあろうかと見える空間がすっかり踏み固められ、土が檜の板のように輝いて見えた。

そこはやがて、常設の舞台のように、劇場のようになっていった。

どのくらい後のことであったろうか、上流に架かる橋の上から舞台の様子を目にしていた者が、傍らで休む女の影を見て、

「おや、あれが阿国か？」と隣にいた者に尋ねた。

「いや、あれは妹分のお菊だ」

「阿国はどうした？」

「天下様のご所望で、茶屋の畳で舞うているとぞ」

「天下様とは、誰のことぞ、家康様か？」

「いや、なんでもお偉いご家来衆の一人とか」

「ほお！徳川のご一統とは、それは大変な出世だのお」

阿国を贔屓する男たちの間で、そんな噂きが交わされていた頃、阿国の一座は北野天満宮の能舞台で「茶屋遊び」というかぶきおどりを披露したりと、引く手あまたの大人気であった。

この阿国と"時の権力者たち"との関わりについては、歴史文献の中にも数度取り上げられているので、まったく事実無根のことではなさそうであり、北野天満宮での「かぶきおどり」の一件は京都国立博物館に図画として現存している。

そして、この後から"阿国一座"の舞台では阿国本人の姿を見かけなくなるのだが、そのことが当然新たな噂を呼んでいく。

「阿国が京を見捨てて、東に下った」というのだ。

だが、その後の阿国の足取りは、資料的にもはっきりしない。

阿国の恋は溶鉄の炎のように

尾張に入った頃、名古屋山三郎という武士上がりの色男が一座に加わり、その山三（さんざ）の鼓や笛の音にのって阿国が踊る姿が街道筋の話題となり、「阿国・山三の色模様」は京へも江戸へも伝わっていった。

この阿国と山三の出会いの場面なのだが、阿国一座が京を出て間もなく、明日には尾張との国境に差し掛かろうという頃のこと。舞台での阿国の踊りが最高潮に達しようとしていた時、

「ウッ！」

という、言葉とも呻きともつかぬ声が阿国の口から洩れ、その瞬間、ほんの一瞬であったが阿国の踊りが止まった。

「この笛は、いつもの笛の音色ではない」

それは、あきらかに、いつもの囃子方の笛ではなかった。

その笛は阿国の舞に寄り添うように、つかず離れず旋律を奏で、拍子をとっていた。踊りに合わせているようで合せているのではなく、阿国の舞を、いや阿国自身をリードしていた。それはまるで、阿国の身も意志も引き付けて離さぬような”音“であった。

「誰だ」

私を自在に引き回すのは、いったい誰なのだ！

阿国はもう一度「ウッ」と声を発して踊りを止めた。

「何故止める！」

客の立つ右奥の暗闇からの声であった。闇を透かして見えたその男の姿は、逞しく、黒光りしているようにさえ見えた。それは「出雲で見慣れた銑鉄」のようであった。

「俺は此処で笛を吹く。お前は其処で踊るのだ」

その声に促されるように、阿国は再び踊り始めた。その姿はいつにも増して熱く、激しく、燃えるように見えた。

男の吹く笛の音は、まるで阿国の身にとり憑いたように手足、全身を自由に操って、絶えることなく続いた。その姿は、溶鉄の炎そのものに見えた。

阿国はその夜、その男「名古屋山三」にすべてを委ねた。

阿国自身が京へ帰ったことも、江戸へ入ったことも、歴史資料にはない。

どうやら阿国の旅は、尾張辺りで燃え尽きてしまったようだ。

不動明王の分身、江戸に現る！

跡取り息子のことを平氏では「公達」と呼び、源氏では「御曹司」と呼んだ。

堀越家の御曹司は、海老蔵という名であった。

「名は体を表す」というが、海老蔵少年の場合は、むしろ「体が名を決めた」と言えよう。ピンピンとよく飛び回る元気な男子であった。

そしてその様子は長じて13歳になっても変わることはなく、何かにつけて良く飛び回る人気者に成長した。

神輿の先棒を担ぐのはもちろん、地域の「川さらい」では、一番上流の困難な堰き止め役を引き受けたりと、その頼もしさは誰もが異論なく評価していた。

当然のことではあるが娘たちの関心も一手に集め、その熱い視線の中を闊歩する姿は、さながら〝空を飛ぶ鷲〟のように見えた。

堀越の家は、元は甲州の武家の出という説があり、また、所謂〝代貸〟と呼ばれる家で、〝侠客〟の一人であったらしいという説もある。江戸に出る前は甲州で幅を利かせていたとか、甲州から千葉に行き、それから江戸に来たとか、調べは定まらず、諸説ありといったところ。

そういう時には都合の良い説を採用しておくのがいい。そこで、この稿では「千葉の成田説」を採用する。大人になった海老蔵が「俺は成田不動の化身だ」と宣言したというエピソードにも符号するからである。

阿国の「創造性」は海老蔵に受け継がれた

堀越海老蔵が生まれたのは万治三年（１６６０年）だとされる。海老蔵の父、堀越重蔵が江戸に出たのは１６４８年から50年代とされているので、海老蔵は江戸生まれだ。

当時はまだ一般庶民が苗字を名乗ることは許されていなかった。なのに自らを〝堀越〟と名乗ったのは、「自分は武士階級に属する者だ」という意識からであり、世間もまたそのことを認めていたということなのか？

堀越家が住まいを定めたのは、現在の東京都中央区人形町界隈と思われる。幕府から認められた四つの劇場が付近に集まる〝盛り場〟であった。

「江戸四座」と言われた劇場は、中村座、市村座、森田座、山村座。ほとんど毎日、それらの劇場の何処かに、芝居を観る海老蔵の姿があったという。そんな海老蔵の芝居好きの素地は、父の在所である成田にあった。

堀越家の守り神は「成田山新勝寺」であるとする父の信仰。その父の思いを受けた海老蔵は、成田まで行って新勝寺の催事に参加し、踊りや余興を経験したであろうと思われる。そして数え14歳になった堀越少年の熱心な芝居通いはある興行師の目に留まり、「芝居入り」を勧められた。

「役者　堀越海老蔵」の誕生である。

資料によれば、初舞台は延宝元年（1673）、中村座。出し物は「四天王稚立」で役は「坂田金時」。悪い評判は残っていない。まずまずのスタートだったようだ。

この時、「堀越」の名は「役者の家」として芽吹いた。そしてその小さな芽が立派な根を張り、350年もの歴史を継いでいくことになろうとは……。

その堀越の名は、今日、堀越勸玄を名乗る4歳の少年に受け継がれ、その子は次の次の市川團十郎になるべく、父、市川海老蔵の手に抱かれている。

暦を戻して、初代海老蔵の役者デビューだが、そのスタートは上々吉であった。なにしろ当時発行されていた「役者評判記」によれば、「海老蔵は当代一の名優である。この人を超える役者は、今後登場することはないであろう」とまで書かれている。

その同じ記事の中で、海老蔵の頭の良さも強調されている。実際、彼は役者として優れていたばかりではなく、興行的なアイデアも創造して見せたし、劇作家としても優れていた。

芝居に出演するだけでなく、その台本を自ら書いた。「三舛屋兵庫」という名で書かれた作品の多くは、今日までも伝えられている。江戸の劇界を席巻した〝役者と作家の二刀流〟海老蔵。

その作品の中に「当世阿国歌舞伎」という芝居（舞踊劇？）があり、元禄12年（１６９９年）に森田座で上演されている。阿国の舞台は江戸まで伝わり、評判であったことは間違いないだろう。

阿国の中の「創造性」は、海老蔵の中に、時代や地域を超えて確かに受け継がれた。

次の團十郎と親子共演

こうして、江戸の劇界の話題を一身に集めた海老蔵が、改名をする。まずは段十郎と名乗り、更に團十郎と改める。父の生地である市川村の名を冠して「市川團十郎」を正式な芸名としたのだ。

この間の事情を時系列的に解説すると複雑になるため、本稿では以後、市川團十郎とする。

初代市川團十郎。26歳であった。だが、一つ懸念があった。團十郎は子宝に恵まれなかったのだ。

「この芸と人気を継ぐ者がいない」

これはかなり深刻な事態と受け止められ「跡取りは未だか」という声は日に日に大きくなっていった。

そんなとき、プロデューサー團十郎の強みが発揮される。彼は「秘策」に打って出る。なんと、「子宝祈願」と銘打って、成田山新勝寺の不動明王に祈祷式を行ったのだ。

すると、程なく妻の胎内に兆候が現れる。「不動明王の申し子が生まれる」と騒がれ、喜びの渦となった。身籠ってから祈願したのではと思えるほどのグッドタイミングであったが、真相は分からない。

ともあれ、この「事件」は團十郎の人気を更に湧きあがらせた。

「團十郎は成田不動の分身を授かったのだ」「團十郎は不動明王なのだ」と囃される。このことがあって以降、團十郎の芸が一層神がかったように見え、「神ってる役者」と言われるようになっていく。

やがて生まれた長男は「九蔵」と名付けられ二代目として大切に育てられ、十歳の春、元禄10年（1697年）には親子共演を果たす。

「九蔵は、次の團十郎になるのだ」

誰もがそう思い、それを期待した。そしてこのことは、今日の歌舞伎界のしきたりである「血縁による家の芸の継承」の事始めとなったのである。

舞台の上で刺殺された

そうなると、團十郎の人気がますます高まる結果となり、実はその裏で、それを妬む声も徐々に大きくなってきていた。

市川の家は江戸の劇界では生まれたばかりの「ひよっこ」でしかないのだ。そのひよっこを座頭のようにして盛り立ててきたのは、皆、先輩たち。「面白くない」と感じる者も多かったに違いない。「成田の成り上がり」と陰口も聞かれた。

その、脇を固めるベテラン役者の中に「生島新五郎」がいた。新五郎の弟子たちは「人気も実力もある師匠を虚仮にするような團十郎の活躍は不愉快千万」であった。

團十郎が登場するまで、生島の家は江戸の劇壇で中心的存在であった。歌舞伎を支えてきたのは自分たちだという熱い思いが彼らにはあった。その思いは弟子たちに共通していた。いやむしろ、弟子たちのほうが、その思いは煮えたぎるようであったのかもしれない。

そんな背景の中で「事件」は起きた。

宝永元年（１７０4年）二月十九日。生島新五郎と團十郎は市村座に出ていた。大入りの観客の熱烈な掛け声の中、團十郎は見得を切る。

その舞台で、今でいう「後見」を務めていたのが新五郎の弟子「生島半六」であった。半六は刃渡り三尺三寸（約30センチ）の匕首を隠し持って舞台に出て、團十郎の背後に回り込むとその場に控えた。

それは、誰の目にも通常の後見役の動きにしか見えなかった。舞台で演技をする役者の真後ろは、観客からは常に死角で、何も見えない。團十郎も、自分の背後のことは知り得なかったであろう。

全神経を演技に注ぎ、渾身の見得を切った瞬間、半六の匕首が團十郎の腹部に突き立てられ、その内臓を抉った。

その時、團十郎の口元からは大量の血液と前後して、

「卑怯、卑怯」

という言葉が、無念の思いと共にほとばしり出たという。

二人の相対する役者。どちらがより高い評価を受け、人気者になるか。それは市川團十郎と生島新五郎との、歌舞伎役者同士の真剣勝負であるはず。それを、相手を弟子に殺させるとは、「まさに卑怯」と苦痛の中で團十郎は叫んだのだろうか。

江島・生島事件

その卑怯の意味が解き明かされるような出来事が、それからちょうど10年後の正徳4年(1714年)の正月に山村座で起こる。

その日、江戸城大奥のお女中連が山村座の桟敷席を埋めていた。出し物は「花館愛護桜」助六である。主演は勿論、二代目市川團十郎。27歳になっていた。

桟敷で観るのは「大奥お年寄り役」であった女中頭の「江島」。こちらは33歳の女盛りと見えた。芝居見物の後に企画されている「お茶屋遊び」もあって、江島の熱い眼差しは團十郎に注がれていた。

ところが、團十郎は江島の誘いを断った。色と芸とを一緒くたにするような風潮に疑問を持っていた團十郎の意地であったのだろうが、その選択は大正解であった。

團十郎の代役で江島のお相手を務めたのが生島新五郎だった。江島の寵愛を受けることになった新五郎は、有頂天。「俺は團十郎よりもてる」

というわけで、すっかり懇ろになった江島と新五郎は、とんでもないミスを犯すことになる。**大奥の門限に遅れてしまったのだ。**

「お女中が役者と密会していた」という大スキャンダルに、大江戸中が湧いたのは言うまでもない。後世までも取り沙汰される「江島・生島事件」の発端である。

幕府のお咎めは厳しく、江島は禁足の後、最終的には信州・高遠の地に幽閉。生島新五郎は三宅島に流刑の身となり、役者人生も終わった。

とばっちりを受けるように、山村座の山村長太夫と座付き作者の中村清五郎も島流しとなったため、山村座の歴史も終わる。

それまで隆盛を謳歌してきた山村、中村、森田、市村の江戸四座は、それ以降、山村座を除く江戸三座となる。

役者は舞台の上で芸を競うもの。女を利用して時の権力に寄り添ったり、暴力沙汰を起こしたりするのは「卑怯、卑怯」と、初代市川團十郎はそれを後世に伝えたかったのだろう。

事件現場で父の無念を目の当たりにした17歳の少年、後の二代目市川團十郎は、父の芸ばかりではなく、その無念をも後世に伝えていくことになるのだ。

歌舞伎の歴史に輝く二人

江戸を目指して叶わなかった「阿国の旅」。大江戸の華と騒がれる中、若くして「舞台に散った」初代團十郎。

それぞれに時代と場所を得て生まれ、現代へと繋がる歌舞伎を生み、育てた二つの生命。二人が共演することはなかったが、阿国によって創られた「歌舞伎の胎動」は、時空間を超えて、江戸に歌舞伎を根付かせた「團十郎の熱」となり、花開いた。

「参会名護屋」「当世阿国歌舞伎」

團十郎作として残されているこれらの作品は、あたかも阿国と團十郎のコラボレーションの如く、歌舞伎の歴史のなかに輝いている。

五

もっと知りたい
歌舞伎界の「あれこれ」

大向うの「しきたりと秘術」

幕が上がって役者の姿が見えたかなと思った瞬間、客席の奥のほうから、「とわや！」と、大きな声が飛ぶ。

初めて経験する人は「なんだ!?」と思わず振り向くが、誰が声を掛けたのかは分からない。声を掛ける人は、口に手を当ててメガホンのようにしたり、手を振り上げたりはせず、”そ知らぬふり“で声を掛ける。

これが「大向う」という、歌舞伎独特の”客席からの声援“だ。

１９９６年のウインブルドン・テニス。

日本の伊達公子選手とドイツのシュテフィー・グラフとの試合中、グラフがサーブするためにボールを空中に投げ上げたその瞬間、「シュテフィー、結婚してくれ」と、客席から声が掛かった。

その時、シュテフィーは少しも騒がず、「お金、幾ら持ってるの」と、言い返すと、そのままプレーを続けた。スポーツの世界ならではの、痛快な〝大向う〟事件として、語り継がれている。

しかし、歌舞伎の世界では、これはご法度。役者は、声を掛けられても返事をしてはいけないことになっている。つまり、「お上手！」などと声を掛けられても、「ありがとう」と答えてはいけない。いちいち答えていたのでは、役者の仕草が途切れてしまい、芝居が成立しなくなってしまうからで、厳に守られている決まり事だ。

「すてきー」とか「頑張って！」などの言葉は不似合い

声を掛けるのは贔屓役者への声援なのだから、誰がどんなかけ声を掛けても良いはずなのだが、実際はそれほど自由にやれるものではなく、「よし、声を掛けるぞ」と決心したとしても、その時襲ってくるプレッシャーは、半端じゃない。

まず、芝居の邪魔になってはならない。演技（動作）の邪魔、台詞の邪魔、いずれも

「ダメ」

掛ける言葉も適切でなければならない。「すてきー」とか「頑張って！」などの言葉は、歌舞伎の舞台には不似合いであるとされている。

では、どんな言葉が良いのかというと

一　役者の名前

二　役者の屋号

三　褒め言葉

役者に名前で声かけをする場合は、苗字にあたる部分、市川とか、尾上とか、中村とかは省かれ、「菊之助」「勘九郎」「高麗蔵」などとなる。また「七代目」「二代目」「八代目」などとすることもある。

屋号で掛けるには事前の勉強が必要で、間違えることは絶対に許されない。数百人もの役者一人一人の屋号を記憶しなければならないのだから、まさに至難の業といえる。

中村吉右衛門　播磨屋
尾上菊五郎　音羽屋
市川猿之助　澤瀉屋
中村勘九郎　中村屋
中村芝翫　成駒屋
市川海老蔵　成田屋
坂田藤十郎　山城屋
坂東玉三郎　大和屋
中村獅童　萬屋
片岡仁左衛門　松嶋屋

《勝手選択御免》

褒め言葉を掛ける場合は比較的自由で、「天下一品」とか「大評判」「大統領」等がある。「お気に入り」とか「いいね！」なども今風として受け入れられるかもしれない。

どんな場面で、どんな掛け声が良いか？　それにはかなりのキャリアを積まなければならないだろう。

言葉を選ぶだけではなく、声の強さ、弱さ、音階の高低等を極めるには資本がかかりそうだ。

大向うなしでは歌舞伎は成り立たない

将来は、そういう声を掛けてみたいと思われるなら、三階席に上ってみるといい。そこには「江戸の人？」と感じさせるような雰囲気を持った男性客が何人かいる筈。

その人たちは、お互いに申し合わせたかのように「澤瀉屋！」「高麗屋！」「大和屋！」とか、「成田屋！」と次々に声を掛けていく。

それぞれ勝手に声を掛けているようで、そうではない。すべてが約束に沿ってのことで、舞台上では、そんな掛け声をエネルギーとして取り込みながら芝居を盛り上げていく。舞台と客席とのコラボレーションが現出している。

例えば、お馴染み「勧進帳」の一幕では、幕開きから大詰めまでの1時間余りの間に

40〜50回の声が掛かる。

その掛け声一つ一つが舞台に溶け込んで、劇の盛り上がりにおおきな役目を果たしている。こうなると「大向う」なしでは歌舞伎は成り立たないとも言える。

始めに紹介した「とわや!」とか「たや!」の掛け声は、「音羽屋」「成田屋」と普通に掛けたのでは、ほんの少しだが掛け声が長くなり台詞の流れが冗長になるので、「おとわや」の「お」の部分を無声の飲み込み音として「とわや」と縮めている。同様に「たや」と聞こえるのは「成田屋」のこと。

逆の効果を狙って、「お〜とわや」「や〜まとや」もある。

こうした技を身に付けて、プロの「大向う」の仲間入りをしたければ、まず三階席の常連になって、先輩たちの秘術を盗み取ることから始めなければならない。

勿論、直接お願いして教えを乞うことは自由であり、たぶん優しく導いてくれるだろうと思われる。なにしろ近頃は、「大向う」になろうという若者は多くはないので、きっと歓迎されるだろう。

因みに、現在「大向う」としてプロ的な活動をしているグループは、東西(東京・関西地区）合わせて4～6グループに過ぎない。

彼らは「○○大向う会」とか「大向う研究会○○」などと名乗って研鑽を積んでいる。会員になれれば、「木戸御免（入場無料）」となるようだ。

「とちる役者」は高くつく？

舞台で役者が台詞や動きを間違えてしまうことを「とちる」と言う。一般でも失敗やミスをするという意味で使われている。この「とちる」は古い言葉の「とちめく」が語源。それが時代を経て「とちる」へと変化したそう。

ひと昔前の歌舞伎小屋では、一番前の客席の列をイ、二列目をロ、三列目をハ、後は順にニ、ホ、ヘ、ト、チ、リ・・・としていた。

「芝居小屋で一番いい席はどこだろう？」「そりゃあ、役者がとちったとこまでバッチリわかる席だろう」「するってえと、それはト、チ、リの席、つまりは7列8列9列目の席ってことだよなあ」「お見事！　それにちげえねえ」てなワケで、芝居小屋で一番見やすい席はト、チ、リ、つまり7、8、9列目だとされるようになったとか。

罰則は「とちり蕎麦」

とちりにも、いろいろある。予定よりも舞台に早く登場してしまうのは、早とちり。ほかにも、頭の台詞をスコンと忘れたとか、慌てて他の役者の派手な草履を履いて出たとか……。

とにかく、その舞台で誰かに迷惑をかけた時、舞台の出来に影響を与えてしまった時は、罰則が決まっている。それが「とちり蕎麦」。

迷惑をかけた人たちに謝りにいって、「何がよろしいでしょうか」と、出前でも取ってお詫びを形にする。「○○屋の親子丼」「△△亭のハンバーグ」とか言われるが、ま、ほとんどの場合は「じゃ、蕎麦でも」となる。この風習は今でも残っている。

「とちり蕎麦」も、迷惑をかけた相手が多いと大変なことになる。舞台関係者100人全員なんて時は一人８００円の蕎麦でも8万円の出費。それじゃあまりに気の毒だってことで、２００円のタイ焼きで良しとする、とかね。

長い「外題（タイトル）」から芝居の中身が分かる

歌舞伎の題名は「外題」と書いたり「解題」と書いたりするが、どちらも「げだい」と読む。通常は全て漢字で書かれていて、字数は縁起をかついで「奇数」と決められている。

たった一文字のタイトルもある。

『暫』――「しばらく」と読む。

悪人どもに捕えられ首を切られそうになった。その時、花道から勇ましいいでたちの武人が「暫く、暫く」と大声で登場し、長く大きな太刀を一振りすると、悪人どもの首が一斉に切り落とされるという勧善懲悪の痛快劇。七代目市川團十郎が制定した「歌舞伎十八番」の一つになっている。

悪人は清原武衡という大悪党。

一方、弱い者の味方として登場するのは鎌倉権五郎・景政。弁舌爽やかな台詞と豪快な仕草で客席を沸かせる、男っぷりの良い一幕。

次は長いタイトル。

『疾風如白狗怒涛之花咲翁物語』――「はやてのごときしろいぬどとうのはなさきおきなのものがたり」と読む。

漢字の外題を注意深く見ていくと、最後の５文字で、これは「はなさかじいさん」ではないか、と推察できる。そう、これは市川海老蔵が、２０１３年８月に東京・渋谷のシアターコクーンで上演した新作歌舞伎なのだ。

腹黒い隣人に虐められたおじいさんが、飼い犬の力を借りて危機を乗り越え、最後には殿様の見守るところで枯れ木に花を咲かせるというお馴染みの筋立てだが、歌舞伎の基本テーマである「勧善懲悪」をしっかり踏まえて、最終場面では舞台一面に桜吹雪が舞うという華やかな演出が、如何にも歌舞伎的で、数ある新作歌舞伎の中でも「傑作」だと思われるもの。

市川家だけが使えるタイトル

このように歌舞伎のタイトルは、使われている文字をじっと見つめていると、お芝居の内容までもが透けて見えるものが少なくない。

次なる演目は

『伽羅先代萩』

伽羅は、中国から伝わった香木の名で、何でも最上級のものをキャラと言うそう。そこで「伽羅《きゃら》＝銘木《めいぼく》」となり、『伽羅先代萩』は、「めいぼくせんだいはぎ」と読む。

宮城県の花は「萩」だから、「先代萩」は仙台藩のお話ですよ、ということを意味している。

ご存じ「吉原」では、花魁に払うお金のことを「伽羅」キャラと言ったそう。

仙台藩の殿様・伊達綱宗が伽羅の下駄を履いて、吉原通いにうつつを抜かしているすきに、お家騒動が持ち上がるという、どこか権力側を皮肉るようなお話だが、伽羅は今日の「ギャラ」に似ているような……。

もう一つ、『色彩間苅豆』。――「いろもようちょっとかりまめ」と読む。

通称「かさね」と言われる舞踊劇のタイトル。「累《かさね》」という名の奥女中は浪人・与右衛門と密会を重ねていたが、やがて身籠って露見する。二人で逃げたが追い詰められ、与右衛門は鎌で「累」を刺殺するという悲惨な物語。

タイトルの「色彩」は「いろもよう」と読むとして、「間」はそのまま、ちょっと間男で解るのだが、次の「苅豆」の意味が解らなかった。調べたり、人に教わったりしたところ、累が刈った豆を背負っているときに、殺されたことによるものだそう。

最後に、ご存じ「助六」の外題。

『助六所縁江戸桜』――「すけろくゆかりのえどざくら」

このタイトルは、市川家だけが使えるもので、他の家でやる時は、例えば『助六曲菊』とか『助六曲輪初桜』とタイトルを替えて上演することになっている。

以上、歌舞伎のタイトル考。ついでに、もしこの本の外題が『華麗歌舞伎界熱血裏話集』だとしたら、いかがだろうか。読み方を、皆さんも考えてみてほしい。

役者の辞世の句に見る「それぞれの生き方」

「色は空　空は色との　時なき世へ」

この句は2013年2月、鬼籍の人となった十二代目市川團十郎が残した、言わば辞世の句。葬儀当日の朝、TV生放送本番前の打ち合わせの席に、「辞世の句が発表されました」とADが飛び込んできた。

「おう！」という声の中、その句が読み上げられた。

「イロはソラ、ソラはイロとの、ときなきよへ、です」

一瞬、「なんだそれは?」という雰囲気が広がった。その時、「違う、違う！」と大きな声が飛んだ。「それは、きっと『しきは、くう、くうはしきとの、ときなきよへ』って読むんだよ」

「そうか！　色即是空だ」

般若心経の重要な一節「色即是空、空即是色」を読んだものと気づいた一出演者のおかげで、番組は恥をかかずにすんだ。それよりなにより、亡き團十郎に対して、礼を欠かなくて良かった。

それにしても、「色は空　空は色との」と一気に詠んでみせる團十郎の「力」に、今更ながら感服させられる思いだった。

をどり踊りて　あの世まで

ところで、そのあとに続く「時なき世へ」はどういう意味なのか。そのことは後で考えるとして、そもそも歌舞伎役者が残す俳句や短歌の類はどんなものなのだろう。「死ぬ前に何かを残しておこう」という辞世の意味を込めたものもあるが、そうではなく、故人を偲ぶ縁として、その人の残した言葉や文章などを大切に伝えていこうということもあるのだろう。

句や歌ばかりではなく、絵画（多くは俳画風のもの）などが残されている。

十一代目の團十郎は稀代の名優とされている人だが、１９６２年、出演していた歌舞伎座の楽屋で自らが帰依する成田山新勝寺に納めるために、隈取をした顔を布に写す

「押し隈」を作り、そこに添え書きをしている。

「家桜　繁を祈る　不動心」

不動明王に祈る心を表す句になっている。

「まだ足らぬ　をどり踊りて　あの世まで」

この句は六代目尾上菊五郎の句で、辞世の句とされている。

六代目菊五郎は、１９４９年4月東京劇場の”団菊祭“公演に出演中、「眼底出血」で倒れた。夏には復帰できるのではと期待されていた中、7月10日午後、木挽町の自宅「竹心庵」で永眠した。

『芸術院六代菊五郎居士』

という、そのものずばりの戒名が”珍しい“といって話題になった。


もう一人、歴代團十郎の中から四代目の辞世の句を紹介しよう。

四代目團十郎は三代目が22歳の若さで亡くなった後、松本幸四郎家から團十郎家に移り四代目を継いだ人で、44歳での襲名であった。

その人の歌が

「極楽と歌舞の太鼓にあけからす　今より西の芝居へぞ行く」

ここで西と言っているのは、太陽の上り沈みを人の生命にかけたもので、東は誕生を、西は死亡を意味している。

「日々賑やかに過ごして来たけれど、これからはあの世の芝居に出ることになるよ」と詠んだものだが、「西の芝居」にはもう一つの意味が隠されている。

当時、江戸の町では全てが幕府の監視下にあった。大衆の人気を集める歌舞伎に対しては神経を尖らせており、團十郎のように民衆の尊敬を集める人間は”要注意人物“と見なされていた。

そのため時々”処分“を受け「江戸所払い」となり、関西へ旅興行に出される。

「西の芝居に出る」ということは、江戸の表舞台を留守にする、という意味だったのかもしれない。

十二代目團十郎のもう一つの顔

さて先に紹介した十二代目團十郎の辞世の句、「色は空　空は色との　時なき世へ」。

形のあるものは、すべて滅びる（色即是空）。

何もないように見えても、そこには大切なものが存在している（空即是色）。

そして、結びの7文字「時なき世へ」と続く。

ここで、十二代目團十郎のもう一つの顔を紹介したい。

実は、堀越夏雄さん（團十郎の本名）は優れた科学者であった。特に物理学の研究者として、深い考察をしていたと思われる。そのことは、著書や対談記事などでも明白だ。

物質が存在するためには空間が必要で、空間が存在するためには時間が必要だから、この世界を超越するためには「時なき世」への超越が必須条件だ……。ということを堀越夏雄さんは考えられていたのではないだろうか。

「色は空　空は色との　時なき世へ」

さすが！　成田山のお不動様！

本当に舞台の上で死んだ役者の話

些か古めかしい表現だが、「舞台で死ねれば役者冥利に尽きる」ということが、役者の世界ではよく言われる。

最後の最後まで舞台に出続け、老いを感じさせない芸を保持しながら、或る日突然に"寿命"が来て、役を演じながら最期を迎えるのが役者人生の理想だというのだが——、それは言うほどた易く出来ることではないだろう。

1 一日の舞台を務め上げ自宅で発病。翌日から休演する。
2 なんとか千秋楽まで演じ切り、次の公演を休む。
3 入院加療を要することとなり、代役を立てて、休演するケース、等々

多様なケースがあると思われるが、役者さんのプライベートな事情として、公表され

ないこともあるだろう。いずれにせよ、「舞台の上で死ねたら本望」という役者の想いは、なかなか"叶うことは無い"だろう。

「舞台の上で死ぬ」ということは、その時のドラマの進行の最中に、その役の衣装を着け、その役の化粧をして、その役のまま息絶えるということだから、それが実際どういう事態なのかは、とても想像すら出来ないのだが――

四谷・大国座の舞台も客席も惨状に大騒ぎ！

「実際、ありました‼」

「時は大正十三年（１９２４年）」

当時、開場したばかりの帝国劇場で活躍していた七代目澤村宗十郎の義兄にあたる人で、実力派の女形として人気のあった初代澤村宗之助。彼が四谷にあった大国座で『壺坂霊験記』に出演中の出来事。

主役の「お里」を演じていた宗之助は、熱演のあまり突然の血圧上昇に襲われ、高血圧による発作のためドタッと倒れてしまった。

勿論、舞台も客席も惨状に大騒ぎ！　物語は突然中断、先に進めない。とにかく倒れたお里、いや宗之助を退場させなければならないというわけで、黒子役が駆け寄ったのはいいが、なにしろ重い衣装を着け、鬘を被ったままの遺体（ゴメンナサイ）をどうすれば良いのか。観客注視の中で右往左往するばかり――。

そもそも、この『壺坂霊験記』という芝居、お里と病気のため視力を失った夫、沢市との夫婦純愛物語。

自分の目が見えないために、妻であるお里に苦労を掛けるのは忍びないということで、夫の沢市は妻の留守の間に谷底に身を投げてしまう。帰ってきたお里は谷底の夫の姿を見つけて半狂乱となり、自らも後を追って身を投げる。

この顛末を見ていて二人の純愛に心を打たれた観音様が舞台に現れ、二人を生き返らせるというストーリーなのだが、お里の役のまま舞台で倒れた澤村宗之助が生き返ることはなかった。

「舞台で死ぬ」という〝本望〟を遂げた歌舞伎役者のお話。合掌。

澤瀉屋三兄弟の次男・八代目中車の「妾宅」と「本宅」

１９９７年のＮＨＫ大河ドラマは『毛利元就』。

戦国時代の武将であった元就が３人の息子を呼んで、それぞれに一本の矢を持たせ、その矢を折るように言いつける。３人の兄弟は、それぞれ一本ずつの矢を持って、折ってみせた。

次に父・元就は、三本の矢を一纏めにして折るように命じる。だが、纏めた矢は誰にも折ることは出来なかった。そこで父は「兄弟は常に力を合わせて事に向かうこと。そうすれば決して負けることはない」と諭した。これが「三本の矢の教え」と言われる教訓。

今、歌舞伎役者の「三本の矢」と言えるのは、八代目中村芝翫の息子たち、中村橋之助、福之助、歌之助の三兄弟。ただ、歌舞伎役者の兄弟にとって、「力を合わせる」ことの難しさがある。ましてや三兄弟となると、同じ舞台に立つ機会は少ない。

そこで、三人はそれぞれに持ち味を生かしながら、独自に道を切り開いていかなければならない。三人のこれからの成長は、その意味でも注目されるところだろう。

因みにNHK大河ドラマ『毛利元就』の主役は中村橋之助、現在の中村芝翫だった。

色模様は格別・競馬好きも有名

目を転じて過去を見れば、現在の市川猿之助の曽祖父にあたる世代に、二代目猿之助（後の初代猿翁）・八代目中車・二代目小太夫の三兄弟が居り「澤瀉屋三兄弟」と呼ばれ、一世を風靡した史実がある

澤瀉屋三兄弟の長男の猿之助は東京の舞台で座長を務め、次男の中車はその脇を固めながら、NHKのラジオ番組等へ活躍の場を広げる。三人目の小太夫は東京では席がなく、「関西歌舞伎」に活路を求め、阪急沿線に居を移す。かくして澤瀉屋三兄弟は一本ずつの矢として、奮闘することになる。

この三兄弟は、それぞれユニークなエピソードには事欠かないが、中でも中車の「色

たものだ。

彩（色模様）」は格別で、その〝妾宅〟からの楽屋入りは、一種羨望を込めて噂されてい

そんな身勝手が許されていたのも、中車には誰にも真似のできない〝芸という味方〟があったからだろう。あまりにも力があった長兄・猿之助の下で存在感を出すには、江戸好みの鯔背な役柄から絵本太平記の光秀までもこなして見せる幅のある芸風がものをいった。

そして、舞台を離れたプライベートな場面でも、多彩な趣味を持っていたが、中でも競馬は楽屋内でも有名で、自分の馬を持つまでになり、多額の「飼葉料」を納める身でもあった。

自身も「歌舞伎界のサラブレッド」と評される立場だったが、「芸は血筋が半分、修行が半分」というのが持論であったとか。

サラブレッドというのはＴＨＯＲＯＵＧＨＢＲＥＤで文字通り血筋ということなのだが、競馬馬の場合はその系図はまことに厳格で、血統確かな馬でなければ、正式なレースに出走することは出来ない。

引き合いに出された歌舞伎役者の場合はもう少しラフで、所謂血の繋がりがなくても、養子として幼少時から育てたり、「芸養子」という独特のシステムで家の名跡を継ぐことも許されている。八代目中車も澤瀉屋一門でありながら立花家の名跡である「中車」を名乗っていたわけで、実は"芸"も"血"も繋がってはいない。こと血筋に関する限り、歌舞伎役者より競馬馬のほうが厳格だと言えそうだ。

最後はきちんと本舞台で見得を決めた

さて、その先代中車さんだが、ある日の夕暮れ時(1971年6月20日)、20年ぶりにひょっこりと本宅の玄関に立っていたという。手には競馬新聞を持ち、ひと言、

「明日は競馬」

と言って、奥へ入った。

妾宅から楽屋に入り、劇場から直接妾宅に戻る。それが普段の段取りになっていたのに、その日急に本宅に戻ったので皆を慌てさせたが、その晩は言葉少なに過ごして、夕飯を済ませると床に就いた。

翌朝、「競馬に行く」と聞いていた弟子が寝所を覗くと、「旦那」は既に亡くなっていて、枕元には赤鉛筆と新聞が置かれたままであったという。これは通夜の席での本妻による説明だ。

「昨晩、旦那が亡くなられました」という知らせに、すべての人が「何処で?」と聞き返したというが、「ご本宅です」という答えに、皆「ほう!」と一様に反応したという。

つまり「さすが名優・中車さん、最後はきちんと本舞台での見得を決められた」と皆、納得したのであった。

中村吉右衛門直伝「別れの蕎麦の食べ方」

義兄弟が別れの前に、蕎麦を食べて別れを惜しむシーンが歌舞伎にある。

『天衣紛上野初花(くもにまごう、うえののはつはな)』というお芝居。別名を『雪暮夜入谷畦道(ゆきのゆうべ、いりやのあぜみち)』と言い、更に別名を『直侍(なおざむらい)』と言う。

吉原の「大口屋」という店にいる道千歳には、片岡直次郎という恋人がいる。道千歳はこの直次郎のために借金をしている。直次郎のほうはヤミの賭博に関わっていて、江戸を追われることになる。

いよいよ旅立ちの前夜、直次郎は大口屋に忍び込んで道千歳と名残の時を過ごすのだが、そこに道千歳の兄、市之丞が来て、

「江戸を離れりゃ、当分会えねえ、そこらで一杯やりてえが」と、直次郎を誘う。

「入谷辺りじゃ、"そばや"しかねえ」と、二人で蕎麦屋に入り、別れを惜しんで義兄弟が蕎麦を食う場面が見せ場となる。

汁の入った小鉢を手に、熱い蕎麦を一気に食べる"江戸好みの仕草"が、この役の見せ所となっている。

『直侍』を当たり役の一つにしている中村吉右衛門によると、ここで食べる蕎麦は直次郎役の役者が好みの店から出前を取ることが許されており、楽屋に届けてもらって、それを舞台に出すのだそうだが、中には、遠くの有名店の蕎麦を注文する役者もいるのだ

とか。

汁の入った小鉢を左手に持ち、右手の箸で蕎麦の中ほどをつまんで、口のほうから寄せていき、あとは一気に吸い込むように口に入れる。

「ここの芸ばかりは、かみ砕いてはなりません。一気に飲み込むのが骨（こつ）ですよ」

とは吉右衛門さんに聞いた秘訣だが、試してみますか？

特別対談

「華があり情もある歌舞伎役者たち」

関 容子・喜熨斗 勝

関さんとは文化放送時代に番組制作で協力し合った仕事仲間です。関さんが作家デビュー後、次第に歌舞伎を題材としたものを多くお書きになったこともあり、私とも細く長くお付き合いしていただいています。そんなご縁で、今回は、この本の総括ともいえる対談にご登場願いました。

関 容子
東京生まれ。日本女子大学国文科卒業。エッセイスト。「日本の鶯——堀口大學聞書き」で日本エッセイスト・クラブ賞、「花の脇役」で講談社エッセイ賞、「芸づくし忠臣蔵」で芸術選奨文部大臣賞、読売文学賞を受賞。著書に「おもちゃの三味線——白鸚・勘三郎・芥川比呂志」「役者は勘九郎——中村屋三代」「虹の脇役」「歌右衛門合せ鏡」「海老蔵そして團十郎」「舞台の神に愛される男たち」「客席から見染めた人」など。

六代目歌右衛門の思い出

喜熨斗（以下・喜）　関さんと言えば、私が真っ先に思い浮かぶのが、六代目中村歌右衛門に何年も密着して書かれた『歌右衛門 合せ鏡』。あれは名作ですね。数多ある歌舞伎関係の本の中でも、あれはもう珠玉の作品だと思います。

関 ありがとうございます。六代目歌右衛門、つまり成駒屋は「女帝」なんて言われていましたが、とにかく輝いていました。そして人懐っこい人でもありました。芸に関しては厳しくて怖い人でしたが、相手の役者さんが成駒屋を尊敬していると分かれば、それはもう優しく教える人でしたね。

喜 役者というのは、怖い人に見てもらって叱られて、それを通して育っていくものですが、今はその怖い人がなかなかいないんですね。

関 歌右衛門さんに叱られたとか、褒められたとか、そうしたことが芝居や役者の芸を評価する一つの基準。そんな時代が確かにありましたね。

お弟子さんが言っていました。「旦那は女形だけど男気のある人でした」、「芸のことでも、それ以外のことでも、相談すれば必ず解決法を考えてくれました」と。

喜 慕われていたんですね。

関 そういう意味では、亡くなった十二代目市川團十郎さんも誰にでも好かれて、尊敬されている人でした。團十郎さんが長生きすれば、歌右衛門さんのような存在になったかもしれません。

前の歌舞伎座を壊してから、勘三郎、團十郎、三津五郎が亡くなり、福助さんも病に伏してしまった。でも、九月の歌舞伎座『金閣寺』の慶寿院尼で復帰されて、良かったと思っています。

喜 歌右衛門は後継ぎについて、生前に何かおっしゃってましたか。

関 それはもう福助さんに決めていましたね。それで世田谷の岡本町の自宅に福助さんを何度も呼んで、『籠釣瓶』の「八つ橋」とか、『道成寺』とか大変な役を教えていました。八つ橋が次郎左衛門に笑いかけるところを歌右衛門さんがやってみせたら、福助さんがうっとり見とれてしまって。そしたら歌右衛門さんに「お前がやるんだよ！」とたしなめられたんですよ(笑)。

そうやって全部教えてくれて、最後に斬られてパタッと倒れて死ぬところ。そこまでいったら歌右衛門さんが福助さんの手を握るようにして、「お前、頼んだからね」と言ったそうです。

それはつまり「しっかり後を継いでおくれよ。頼んだよ」ということ。その日、福助さんは自分で車を運転して来てたそうなんですけど、帰るときに車に乗り込んでから、ハンドルに突っ伏して30分くらい泣いた、と言ってました。

喜　福助も気持ちが真っ直ぐな人ですからね。

関　福助さんは子供の時から歌右衛門さんに憧れていたんですよ。高校生の時は毎日帰りに歌舞伎座に寄って、舞台の横から歌右衛門さんの芝居を「すごいなあ」と眺めて、勉強していたそうです。

喜　福助の子供の時からのそういう強い思いは、初めて聞きました。

中村勘三郎と名優たちの愛嬌

喜　十八代目中村勘三郎も、歌右衛門に教えを請うた一人だそうですね。

関　自主公演の「勘九郎の会」で『合邦』の玉手御前をやりたいので、なんとか教わりたいと、当時の勘九郎さんが言い出したんです。歌右衛門さんは最初は気乗りしていなかった。

そのころ私は『歌右衛門 合せ鏡』の取材で岡本町に通っていましたから、「勘九郎さんは本当に心底から成駒屋さんを尊敬しています。あの気持ちは嘘じゃありません。教えてほしいと真剣に願っているんですから」と言ったら「では、考えておきます」と。

喜 それでお許しが出て、岡本町に通ったんですね。

関 勘三郎さんが初めて岡本町に伺った時、歌右衛門さんがいきなり聞いたんです。「あんた(芝居の中で使う)鮑貝持ってきたかい?」。そしたら勘三郎さんが「はい、これを」と言って懐から平たいアルミ製の灰皿を取り出して見せた。

歌右衛門さんはそんな勘三郎さんが気に入ったらしく、にっこり指を丸めました。

喜 その瞬間から二人の"良い師弟関係"が始まったんですね。

関 そうですね。「これはビデオじゃ見えないよ」と衣装の中の足の形とか、実際に細かくやって見せたそうです。そして「この玉手御前を覚えれば、全ての女形に応用が利くよ」と、本当に丁寧に教えたそうですね。

喜　だから、歌舞伎座さよなら公演の時に勘三郎さんがやった『寺子屋』の戸浪は良かったですね。それから『裏表先代萩』の政岡もやったし、勘三郎さんはふっくらしてて、母性を感じさせるし、女形も良かったですね。

関　勘三郎はまさに名優でしたね。

喜　その人を見に行く、会いに行く。遠くからでもその役者を生で見て、お客さんはそれだけで満足して帰っていく。それが名優。

関　それが勘三郎！

喜　そう！　名優に一番必要なものは愛嬌だと私は思うんです。今の吉右衛門さんにしても仁左衛門さんにしても、みんなそれぞれの愛嬌があるんです。どんな悪役を演じていても、どっかに愛嬌がある。それが人を引き付けるんですよね。

関　女は愛嬌って言うけれど、「役者こそ愛嬌」。

喜　勘三郎さんが、父親（十七代目）と一緒に太地喜和子さんの舞台を見に行ったことがある。彼女が舞台に出てきてちょっと動いた瞬間に十七代目さんが「あ、上手いね。今の動きでお客さんを摑んじゃったね」と言ったそうです。

喜 大事なのは、いかにお客さんの気持ちを摑めるかってことですね。

関 そのためには、やはり得も言われぬ人間的な魅力、愛嬌、そういうものがあって、その魅力をお客さんに伝えられる技術を持った役者じゃないとダメでしょう。

海老蔵と菊之助に期待すること

喜 そういう意味で、今期待するのは誰ですか

関 それはやっぱり海老蔵さんですよ。自信も付いてきましたね。團菊祭五月大歌舞伎で最後に長い立ち廻りをやったのですが、「あんなに動き続けて、疲れるだろうなあ」と観客がみんな思い始めたところで、いいタイミングで海老蔵さんが「ハア〜〜」といかにもくたびれた顔してため息をつく。観客はドッと沸いて、もう大うけでした。

そういうところを身に付けましたね。だから自信に満ちている。「ハア〜〜」でお客を引きつける。沸かせる。あれはもう勘三郎さんの世界に近づいたというか、ああ、海老蔵さんもスーパースターになったなと思いました。

喜 舞台の上で、摑んでいったんでしょうね。

関 今年の團菊祭では『雷神不動北山櫻』で海老蔵さんと（尾上）菊之助さんが共演したんですけど、菊之助さんが最近の舞台よりずっと生き生きしていました。菊之助さんの雲の絶間姫、本当に美しかった。名コンビだった九代目海老蔵さんと七代目尾上梅幸さんの孫たちなわけですから、もっと共演してほしい。『忠臣蔵』のお軽、勘平とか、権八、小紫とか、三千歳、直侍とか、大佛次郎の『江戸の夕映』とかでも、海老蔵さんと菊之助さんがコンビになってくれたら、歌舞伎はもっと活性化すると思います。

喜 菊之助は立役にも意欲的です。

関 でも、やっぱり七代目梅幸さんのような綺麗な女形は必要なんです。立役もやってくれていいけど、やはり女形は歌舞伎の華だから、菊之助さんは女形の素晴らしいスターになって、海老蔵さんともっと組んでほしい。

喜 海老蔵と組むことで相手役の役者もいつもより注目されて、さらに芸を伸ばしていく。すべてが良いほうに回りだすと、今後が期待できますね。

関 海老蔵さんが出ると歌舞伎座がいっぱいになりますからね。

喜 今年の七月大歌舞伎もあっという間に全日全席が売り切れてしまった。

関 やっぱり、お客さんは役者を見に行くんですね、美しい役者を。特に女の人はそうです。

喜 そうですね。でも、海老蔵を非難する声も聞こえてきます。

関 海老蔵さんが義太夫の稽古をしないということに対するバッシングが多いようです。確かに、義太夫は歌舞伎における「基本」ですからね。

喜 六本木歌舞伎など、新しいものにチャレンジすることに関してはどうですか。

関 それもいいんですけど、「時代物をもっとキチッとやってもらいたい」という声も多いと感じます。「盛綱陣屋」とか「仮名手本忠臣蔵」とか。

喜 海老蔵がそういう大作をやるときは、だれに教えを請うんでしょう。

関　『女殺油地獄』は（片岡）仁左衛門さんに教わっています。『熊谷陣屋』の時は中村吉右衛門さんに教わりました。でも、その後もお二人から芸を教わっているという話は、あまり聞きませんね。

喜　それはもったいない。何とか続けてほしい。

関　時代物の雄は、このお二人ですからね。もっともオーソドックスな歌舞伎の立役の芸はこのお二人にあるから、ぜひ基本からキチッと教わってほしい。

喜　海老蔵が礼を正して門を叩けば、拒む人はいませんよね。

関　歌舞伎の将来を託す人だとみんな思っているから、芸のすべてを伝授してくれると思いますけどね。

玉三郎の官能的な表情と声の魅力

関　中車さんが歌舞伎界入りを宣言した時の喜熨斗さんの名言「歌舞伎役者は役者にな

れるけど、役者は歌舞伎役者になれない」。記事で読みましたよ。

喜 そんなこと言ってましたか(笑)。たぶん、澤瀉屋の身内である中車を激励する意味で言ったんでしょう。

関 私は、中車さんはだんだん歌舞伎役者になってきていると感じます。亡くなった勘三郎さんも「中車は『刺青奇偶(いれずみちょうはん)』とか『一本刀土俵入り』とかやったらきっといいと思う」って言ってました。『盛綱陣屋』とか『熊谷陣屋』とか、そこまではまだ期待されていないでしょうからね。ああいう歌舞伎役者さんがいるってことは、いいんじゃないですか。やっぱり上手ですよ。

喜 そこはやはり"血"なんでしょう。ツボを押さえてますからね。

関 2015年の年末に中車さんが玉三郎さんの指導で初めての女形『妹背山』の「豆腐買おむら」をやったでしょう。あれはよかったです。玉三郎さんが「私を信じて」と言って教えたそうですけど、教われればちゃんと出来るんだなあと感動しました。

喜　本人が聞いたら喜びますよ。

関　玉三郎さんの見えない手に動かされて演じたんだと思いますけど、その役割を見事に果たしていました。ああいうタイプの立役が女形を演じると、えてして三枚目ふうな舞台になりかねないんですが、そんなことはなかった。

中車さんはこれで歌舞伎界に根を下ろしていけるな、と思いました。

喜　その玉三郎ですが、魅力はどこにあるんでしょうか。

関　玉三郎さんは顔がただ美しいだけではなく、味わいが深いですね。女形の顔は眉は柳に・・・とか、みんなほぼ同じような古風な感じにしてしまうけど、玉三郎さんはどこか違って、官能的な顔になるんです。

声も魅力的で、美しい。やっぱり歌舞伎役者は「一声、二顔、三姿」というくらい、声の魅力は重要ですからね。

喜　玉三郎は背が高くて舞台姿がキリッと美しいですが、仕事に対する姿勢もキリッとしていますよね。

関　歌舞伎の芸に対して本当にいつも真剣に向き合っているんだと思います。

脚本家を育てることが急務

喜　話は変わりますが、今はもう、文学系の作家が歌舞伎の脚本を書くということが、ほとんど無くなってしまいましたね。

関　昔は大佛次郎とか舟橋聖一とか、一流の作家がちゃんと歌舞伎に関心を持って、いい脚本を書いてくれました。

喜　三島由紀夫、円地文子とかね。

関　大佛次郎の一連のもの、『魔界の道真』とか、『殺生関白』とか、祖父の團十郎さんがやったものを、どうして海老蔵さんは受け継がないんでしょうか。

喜　『若き日の信長』は何度もやってますけどね。

関　あまり歌舞伎から離れすぎないで感動的な芝居を書ける作家、劇作家が出てきてくれないかなと思います。

喜　役者を育てることは大事なことですが、脚本家を育てることも、歌舞伎界にとって本当に大事なことだと思います。伝統を守りつつも変化しながら歌舞伎が発展していくためには、やはり芝居の基になる脚本が書ける作家を育てることが急務です。

三階さん（若い役者）たちにもっとチャンスを！

関　私は、三階の若い人たちの存在が気の毒に思えるんです。役らしい役が付かなくていつも捕り手とか腰元ばっかりでしょう。

喜　ああいう人たちに希望と生きがいを与えたいですね。

関　小芝居（小劇場）もほとんど無くなってしまいました。そうそう。三階さんも主役をやりたいわけですから、そういう小劇場に出て勉強して楽しい思いができて、それなりにファンが付いてね。

喜　浅草とか下町に多かった。

関　今はもう、そういう世界がないですね。そういう世界が復活して、そこからまたスターが生まれてくるといいんですけど。

喜　何か考えてらっしゃる案があるそうですね。

関　歌舞伎にも休演日を設けて、三階さんだけで同じ出し物を上演する。料金は半額とか三分の一とかで。そういうことができないかと思うんです。

喜　それは面白い！　新鮮な感じがします。新しいものが好きな人は必ずいますからね。

関　月に1回でもいい。千秋楽の次の日とか。大道具や衣装もそのまま流用できるし。入場料は三千円から五千円くらい。

喜　先物買いが好きな人も多いし、それはウケるかもしれない。

関　その中からスターが生まれて来るんじゃないかと期待します。あと、例えばね、朝の幕開き狂言だけ全部三階さんだけで上演するとか。抜擢の場にするんです。機会を与えなきゃ、と思いますね。

喜　今月の主役は三階の誰々とか、ネットで事前にどんどん情報を流したりして。

関　きっとお客が付くと思います。私は勘三郎さんにもこの話をしたんです。そうしたら彼が「それ、面白いね、團十郎さんが一番上の立場になったら、歌舞伎の世界をいろいろ改革しようって話してるんだよ」とも言っていました。

喜　あの二人が健在だったら、変わったと思います。

関　勘三郎さんが始めた平成中村座では、一公演の中に一日だけ「研究会」という日があって、三千円ほどの入場料ですべての役を脇役さんだけで演じて見せていました。

でも、それだけだと席が埋まらないので、あとで「座談会」といって勘三郎さんとか橋之助さんとかが舞台に出て座談会。「さっきの芝居はここが良かった」とか、歌舞伎の舞台裏とか、面白おかしく語ってくれる。楽しくて、毎回行っていました。

喜　確か、中村獅童も出たんですよね。

関　そう。若かった獅童さんは平成中村座で一日だけ「義経千本桜」の狐忠信を演じました。獅童さんが最後に舞台から引っ込むときに、ワーっと拍手と歓声が湧き起こった。

獅童さんは「歌舞伎で大役をつとめるということは、これほど気持ちよくて面白いことなのか」と感激したそうです。

喜　獅童はそれまで、まだ重要な役が付いていなかった。でも、これがきっかけでブレイク。客を呼べる役者へと育っていったんですね。やっぱり役者を育てるのは舞台の上、それと観客ですからね。

いろいろ勉強になりました。ありがとうございました。

役者の繋がりが一目でわかる

歌舞伎各家の家系図

本書で紹介した歌舞伎俳優各家について、明治以降の概略を掲載しています。
各関係については、下記の罫線で示しています。

血縁――、養子縁組----、婚姻関係＝＝、師弟関係・・・・・

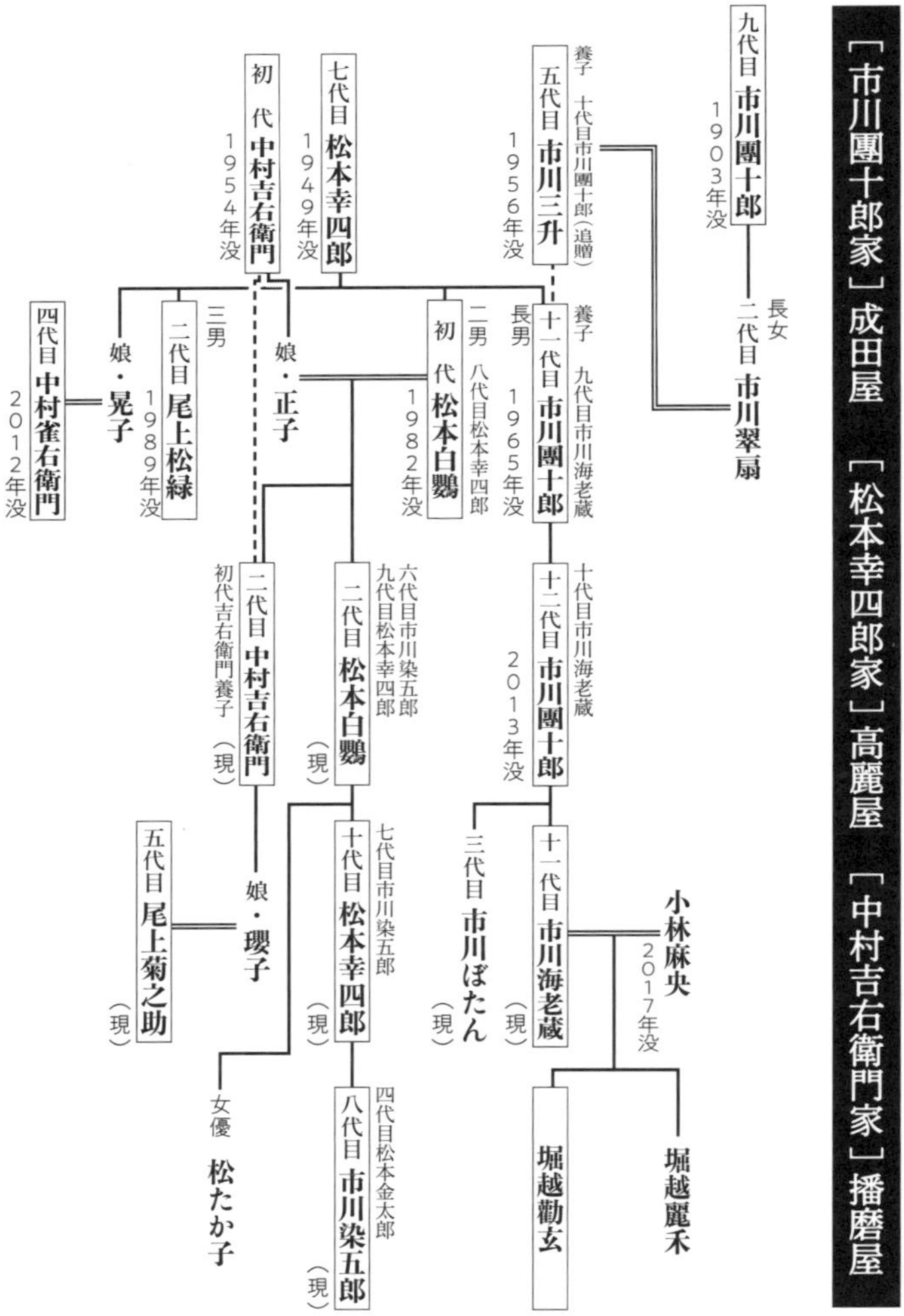

［市川猿之助家］澤瀉屋

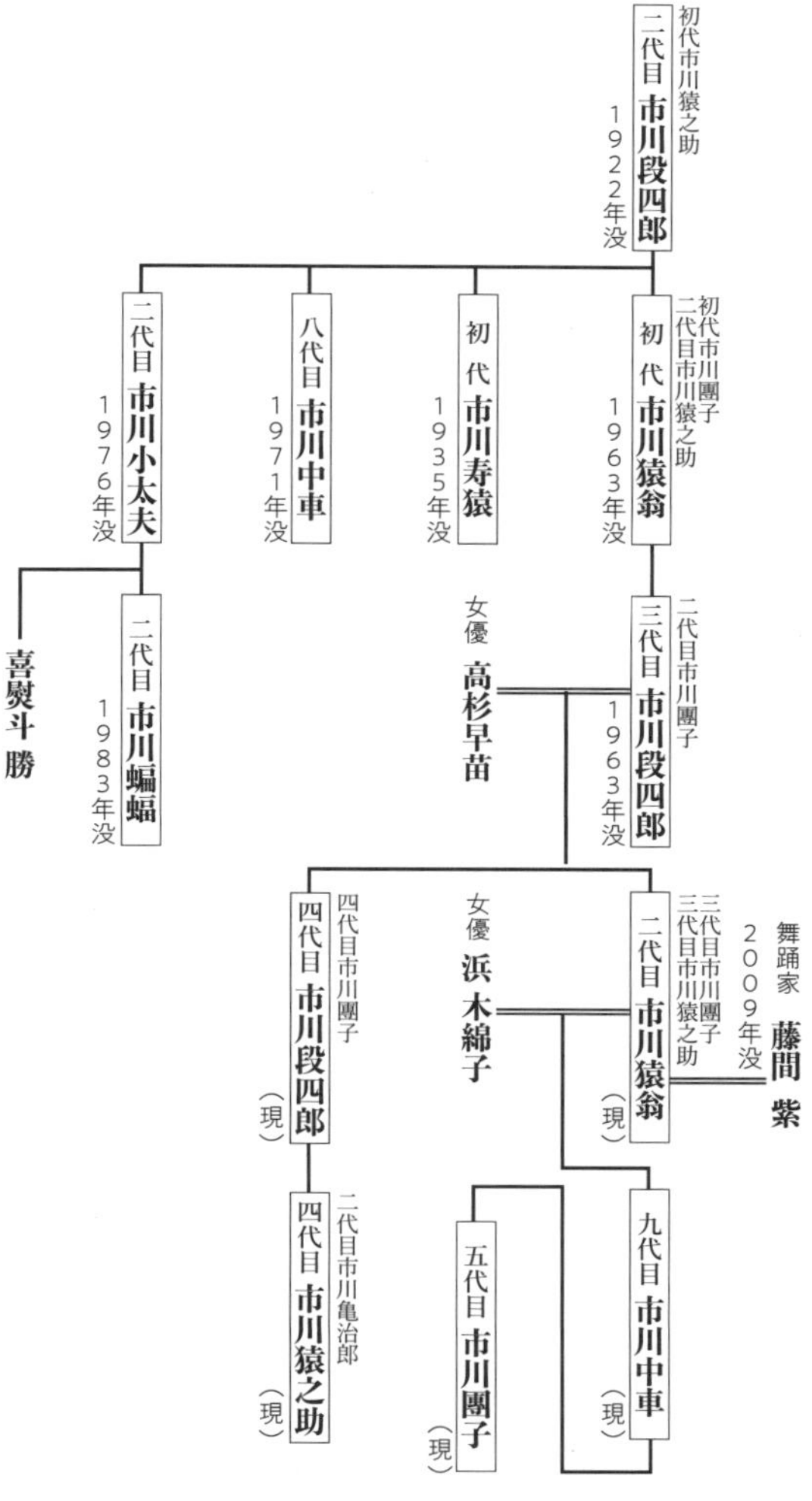
初代市川猿之助
二代目 市川段四郎
1922年没
初代市川團子
二代目市川猿之助
初代 市川猿翁
1963年没
初代 市川寿猿
1935年没
八代目 市川中車
1971年没
二代目 市川小太夫
1976年没
二代目 市川蝙蝠
1983年没
喜熨斗勝
二代目市川團子
三代目 市川段四郎
1963年没
女優
高杉早苗
三代目市川團子
三代目市川猿之助
二代目 市川猿翁
（現）
舞踊家
2009年没
藤間紫
女優
浜木綿子
四代目市川團子
四代目 市川段四郎
（現）
二代目市川亀治郎
四代目 市川猿之助
（現）
五代目 市川團子
（現）
九代目 市川中車
（現）

［尾上菊五郎家］音羽屋　［尾上松緑家］音羽屋

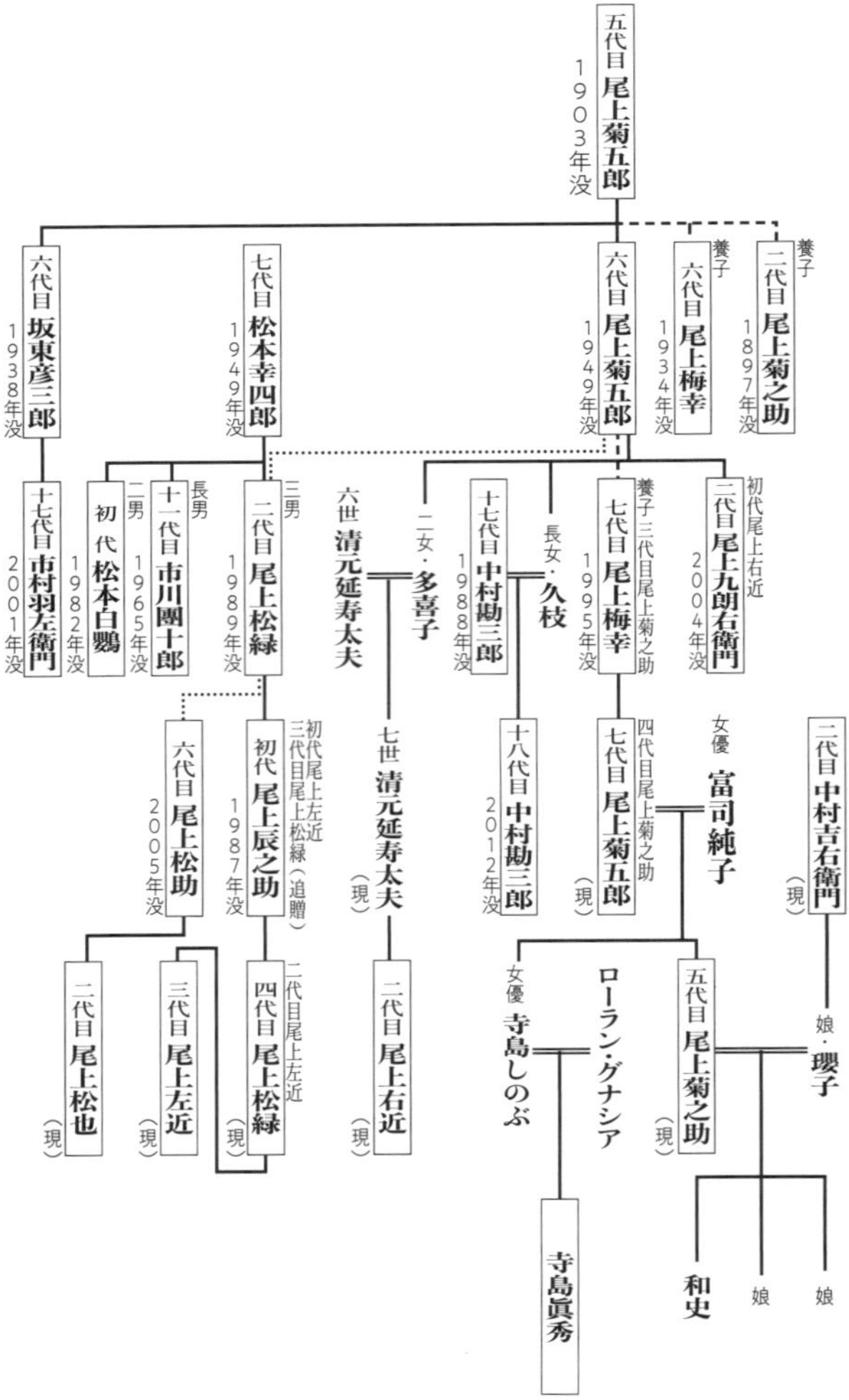

五代目 尾上菊五郎 1903年没
養子 二代目 尾上菊之助 1897年没
養子 六代目 尾上梅幸 1934年没
六代目 尾上菊五郎 1949年没
七代目 松本幸四郎 1949年没
六代目 坂東彦三郎 1938年没
初代尾上右近 二代目 尾上九朗右衛門 2004年没
養子 三代目尾上菊之助 七代目 尾上梅幸 1995年没
長女・久枝
十七代目 中村勘三郎 1988年没
二女・多喜子
六世 清元延寿太夫
三男 二代目 尾上松緑 1989年没
長男 十一代目 市川團十郎 1965年没
二男 初代 松本白鸚 1982年没
十七代目 市村羽左衛門 2001年没
二代目 中村吉右衛門（現）
女優 富司純子
四代目尾上菊之助 七代目 尾上菊五郎（現）
十八代目 中村勘三郎 2012年没
七世 清元延寿太夫（現）
初代尾上左近 三代目尾上松緑（追贈） 初代 尾上辰之助 1987年没
六代目 尾上松助 2005年没
娘・瓔子
五代目 尾上菊之助（現）
ローラン・グナシア
女優 寺島しのぶ
二代目 尾上右近（現）
二代目尾上左近 四代目 尾上松緑（現）
三代目 尾上左近（現）
二代目 尾上松也（現）
和史
娘
娘
寺島眞秀

［中村時蔵家］萬屋 ［中村勘三郎家］中村屋 ［中村歌六家］播磨屋

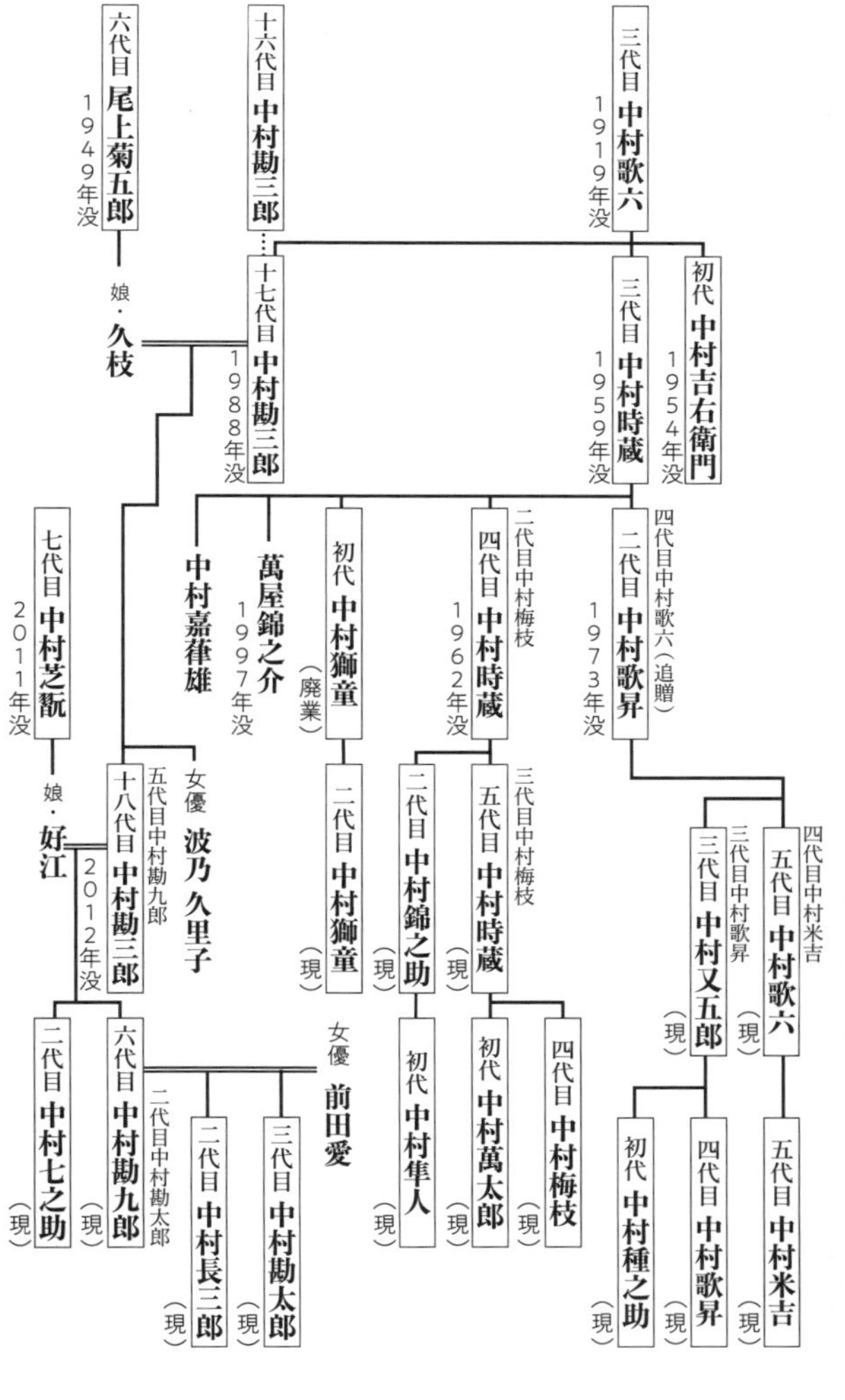

「中村歌右衛門家」成駒屋・加賀屋 「中村梅玉家」高砂屋

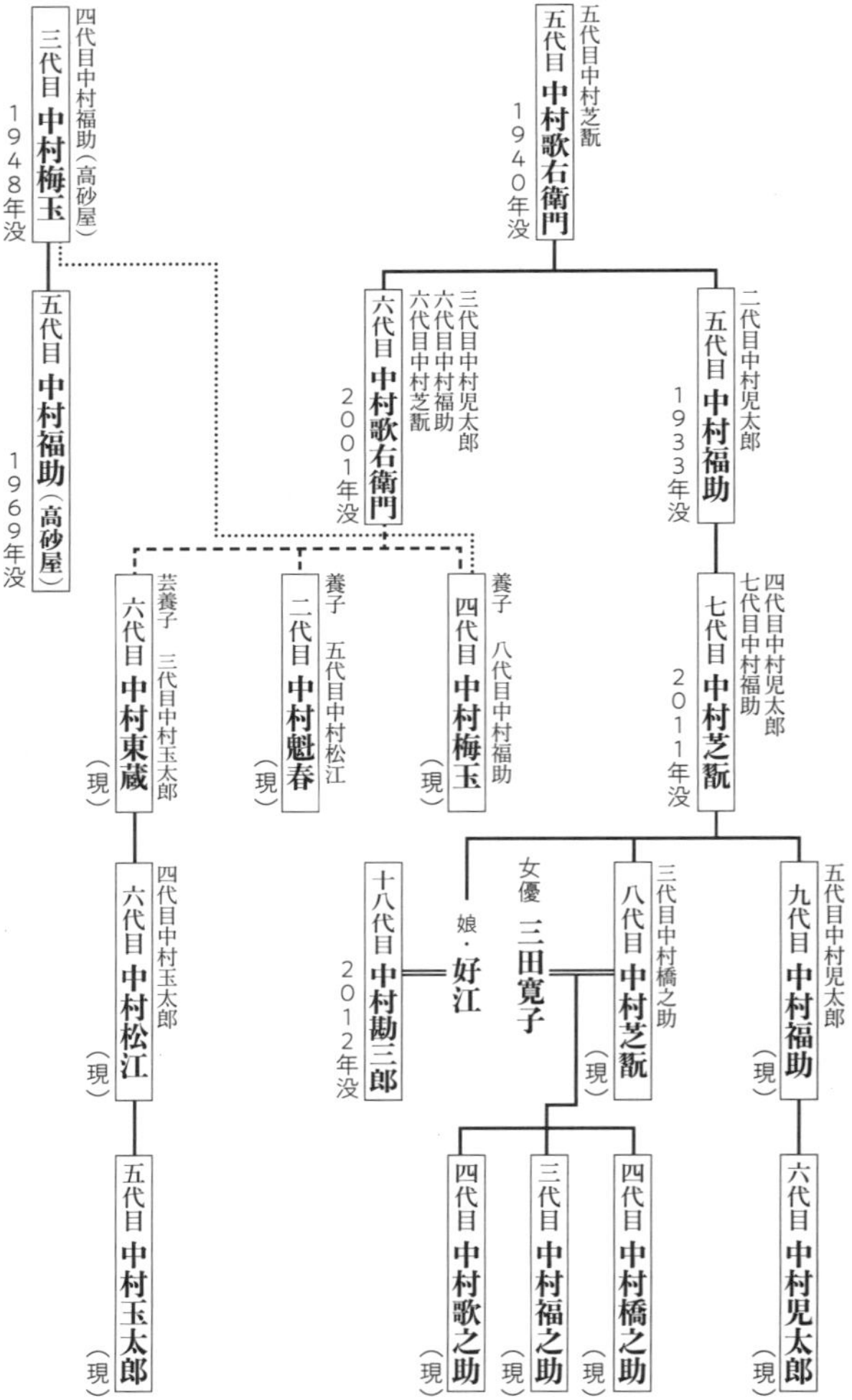

［守田勘弥家］喜の字屋・大和屋　［坂東三津五郎家］大和屋　［坂東秀調家］大和屋

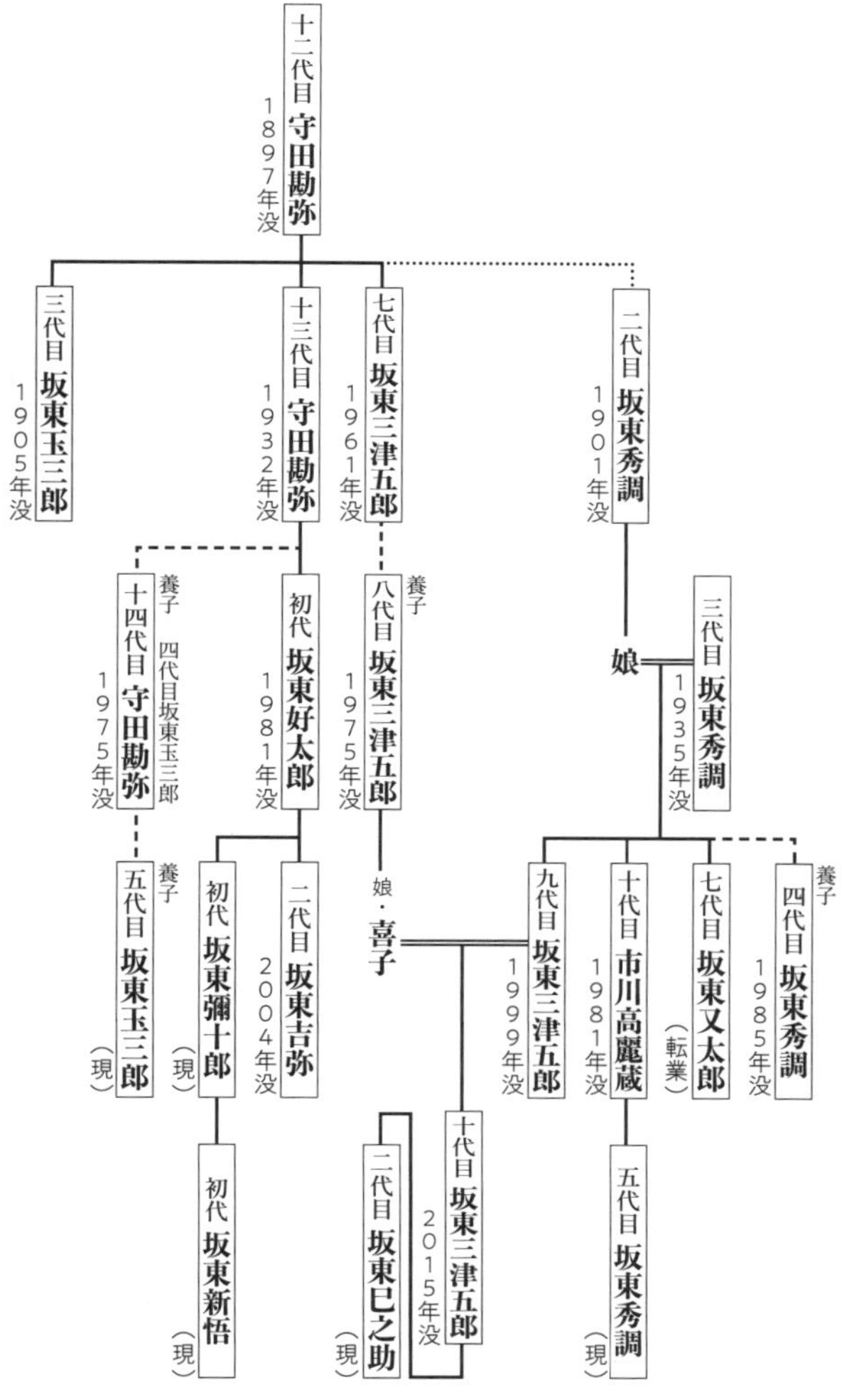

［中村鴈治郎家］成駒屋・成駒家　［坂田藤十郎家］山城屋

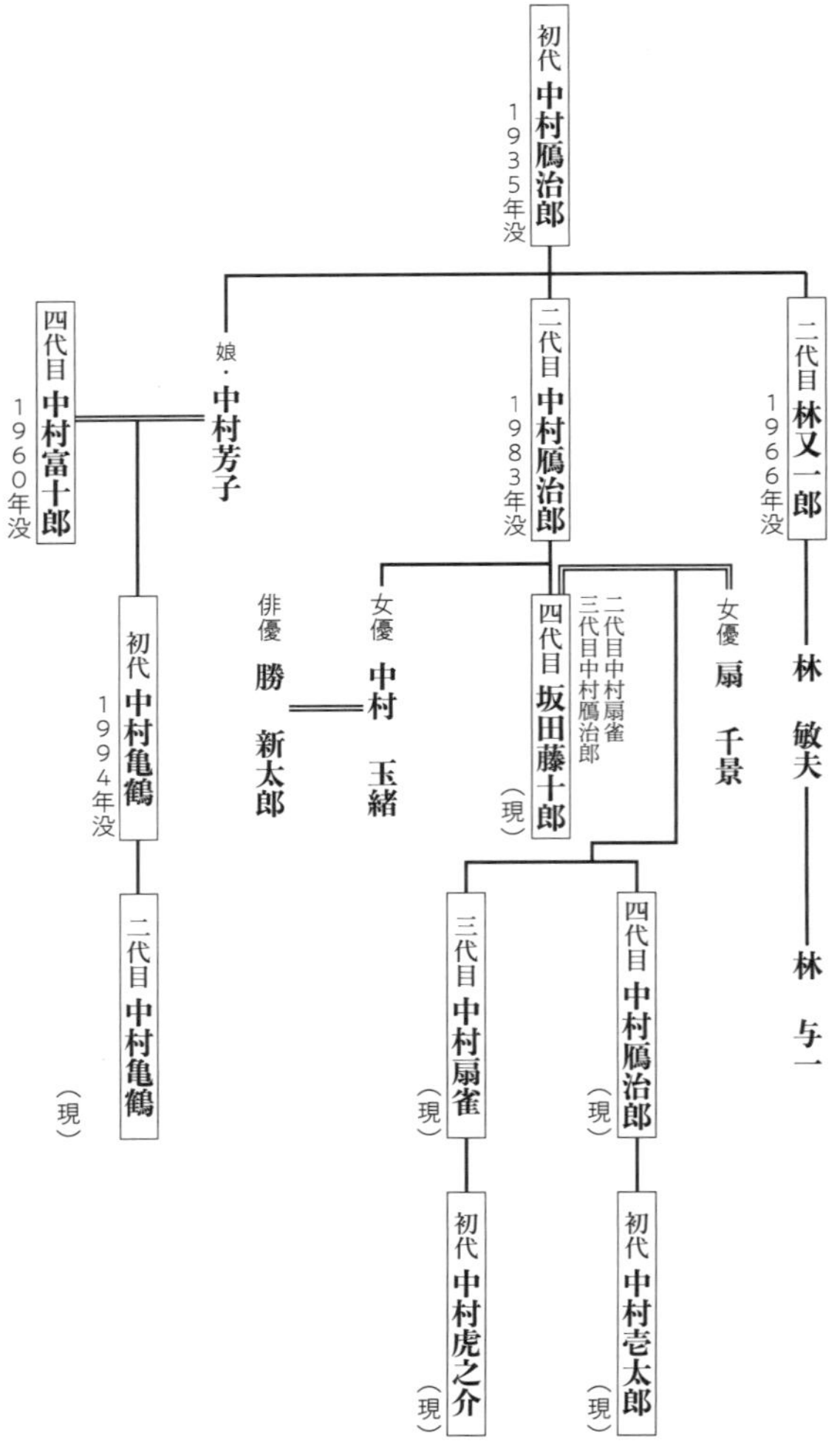

「片岡仁左衛門家」松嶋屋・松島屋

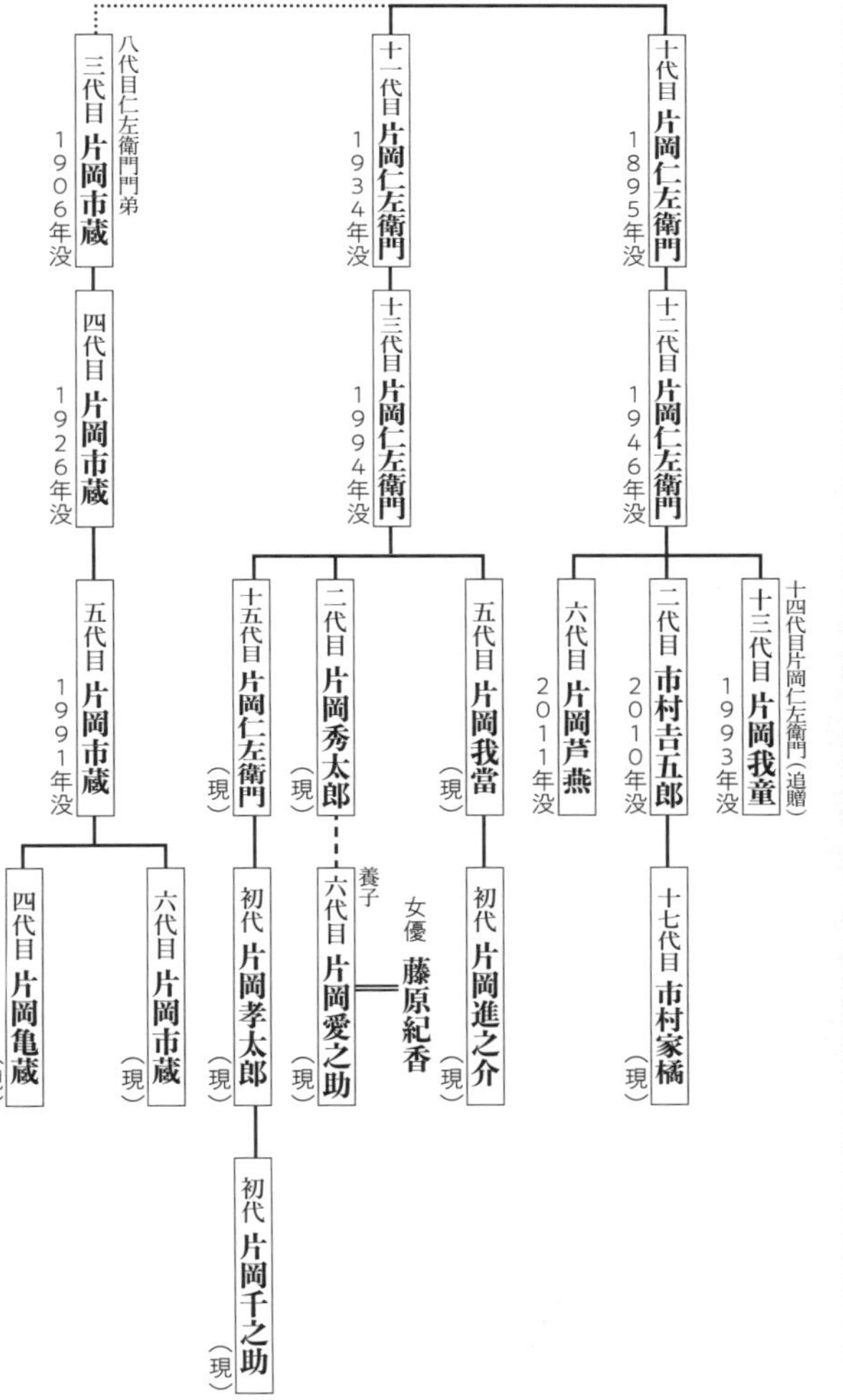
十代目 片岡仁左衛門 1895年没
十二代目 片岡仁左衛門 1946年没
十四代目片岡仁左衛門（追贈）
十三代目 片岡我童 1993年没
二代目 市村吉五郎 2010年没
十七代目 市村家橘（現）
六代目 片岡芦燕 2011年没
十一代目 片岡仁左衛門 1934年没
十三代目 片岡仁左衛門 1994年没
五代目 片岡我當（現）
初代 片岡進之介（現）
二代目 片岡秀太郎（現）
養子
六代目 片岡愛之助（現）
女優 藤原紀香
十五代目 片岡仁左衛門（現）
初代 片岡孝太郎（現）
初代 片岡千之助（現）
八代目仁左衛門門弟
三代目 片岡市蔵 1906年没
四代目 片岡市蔵 1926年没
五代目 片岡市蔵 1991年没
六代目 片岡市蔵（現）
四代目 片岡亀蔵（現）

阿国の登場から第5期歌舞伎座の開場まで

1603年（慶長8年）京の四条河原で出雲の阿国による「かぶき踊り」が始まる。

1607年（慶長12年）阿国「江戸に下る」の噂が広がるも、証拠なし。

1624年（寛永元年）猿若（中村）勘三郎、江戸中橋に「猿若座」開場（後の中村座）。

1629年（寛永6年）女歌舞伎禁止令。若衆歌舞伎が始まる。

1642年（寛永19年）山村座（木挽町）開場。この頃各地の神社境内で宮芝居が盛ん。

1652年（承応元年）男色が流行し、若衆歌舞伎が禁止となる。これ以降、前髪を剃り落とした成人男性が演じる「野郎歌舞伎」時代に入っていく。

1657年（明暦3年）江戸大火事（明暦の大火・振袖火事）。芝居小屋も全焼。

1664年（寛文4年）「放れ狂言」（一幕もの）から「続き狂言」（多幕構成）へ変遷。劇的な構成が充実し、引幕（左右に開閉する幕）が使われる。

1668年（寛文8年）大阪の劇場・角座に「花道」が造られる。その劇的効果は絶大。

1673年（延宝元年）初代市川海老蔵（後の初代市川團十郎）初舞台。

1689年（元禄2年）「芝居子」（若い役者）が相手を務める、現代でいえば所謂〝ホストクラブ〟が禁止される。

1704年（宝永元年）初代市川團十郎、舞台上で惨殺される。

1714年（正徳4年）「江島生島事件」大奥女中・江島と歌舞伎役者・生島新五郎との交情が発覚。江島は信州高遠に流刑となり山村座は廃座。中村座、市村座、森田座の「江戸三座」となる。

1758年（宝暦8年）大阪・角座に「廻り舞台」設置。脚本作家・並木正三の発案。

1772年（安永元年）客席に仕切りが作られる。（七人一桝）。

1784年（天明4年）初代尾上菊五郎没。

1842年（天保13年）江戸三座、いずれも猿若町に移転させられる。「天保の改革で危機」市川海老蔵（八代目團十郎の父）、奢侈の科で江戸所払い。尾上梅幸、編み笠着用を忘れ手鎖の刑。中村歌右衛門、相撲見物をした科で身許お預け、外出禁止など。

歌舞伎年表

1854年（安政元年）　八代目團十郎、旅先の宿で自殺。

1872年（明治5年）　劇場官許制度廃止。

1875年（明治8年）　守田座、明治5年に新富町に移り8年に新富座となる。

1889年（明治22年）　歌舞伎座開場。

1893年（明治26年）　明治座開場。

1902年（明治35年）　松竹合名会社発足。白井松次郎、大谷竹次郎の兄弟が経営。

1903年（明治36年）　劇聖と讃えられた九代目市川團十郎死去。團十郎空白時代へ。

1913年（大正2年）　松竹が歌舞伎座を買収。

1923年（大正12年）　関東大震災発生。東京の劇場がほぼ全滅。

1930年（昭和5年）　六代目尾上菊五郎の日本俳優学校が開校。

1940年（昭和15年）　映画、演劇の検閲が強化される。

1945年（昭和20年）　終戦後18日にして東劇で市川猿之助一座が公演再開。

1951年（昭和26年）　歌舞伎座再建。六代目中村歌右衛門襲名。

1962年（昭和37年）　十一代目市川團十郎襲名。実に59年ぶりの團十郎復活となったが、3

阿国の登場から第５期歌舞伎座の開場まで

年後に夭逝。再び空白時代（20年に及ぶ）。

１９６６年（昭和41年） 国立劇場開場。

１９６７年（昭和42年） その国立劇場で坂東玉三郎が衝撃デビュー。新スター誕生。

１９７０年（昭和45年） 当時の市川染五郎（現白鸚）がニューヨークのブロードウェイで「ラ・マンチャの男」に英語で主役出演。

１９７３年（昭和48年） 七代目尾上菊五郎襲名。

１９８５年（昭和60年） 十二代目市川團十郎襲名。

１９８６年（昭和61年） 当時の市川猿之助（現猿翁）がスーパー歌舞伎「ヤマトタケル」を新橋演舞場で初演。

２００１年（平成13年） 六代目中村歌右衛門死去。

２０１０年（平成22年） 歌舞伎座閉場。

２０１２年（平成24年） 十八代目中村勘三郎死去。

２０１３年（平成25年） 十二代目市川團十郎死去。

２０１３年（平成25年） 第5期となる現在の歌舞伎座が開場。

喜熨斗（二代目市川小太夫）家の「親子の物語」

私の父は、初代市川猿之助（二代目市川段四郎）の四男である二代目市川小太夫（本名・喜熨斗光則）です。

初代市川猿之助の長男が初代・市川猿翁で、次男は早逝、三男が八代目市川中車、その次が私の父、四男の小太夫。父・小太夫には男の子が二人いて、長男が二代目市川蝙蝠、次男が私です。

父はその兄たちとは歳が離れていて、先代から直接教えられる機会はなかったようです。父の祖母が花柳流の名取で、父を可愛がって踊りや三味線をしっかりと仕込んだらしい。

父は「気が付いたら舞台に立っていた」と言っていました。7歳になるかならないかの時の話で、それまでの小さいころのことは「何も覚えていない」。

それでずっとやってきて、歌舞伎以外のことは何も知らない。でも、歌舞伎のことなら何でも知っている。そういう人でした。

「イ号潜水艦、浮上せず」

父は勉強熱心で、芸の上でも、だんだん兄たちと肩を並べるようになったようです。しかし、長男が座長の一座の中では、なかなか良い役は貰えない。座長の弟ということで周りも気を使ってくれるが、微妙な立場。

で、行き詰って、人のすすめもあって、小太夫一座を組んで座長となり、大阪の関西歌

前列左より、三代目市川段四郎、八代目市川中車、初代市川猿翁、二代目市川小太夫（父）、中列左より三代目段四郎夫人・高杉早苗、三代目段四郎の娘・靖子、小太夫の娘・宮子（姉）、四代目市川段四郎、初代猿翁夫人、小太夫夫人・みち子（母）、後列左より私、二代目市川猿翁

舞伎へと移っていった。それが１９３６年、私が1歳の時のこと。

割と人気がある役者が東京から来たと評判になり、一座の興行はなんとか軌道に乗ったようです。道頓堀の中座や角座で、毎月新しい演目で公演していました。

しかし、そんな日々は長くは続きませんでした。１９３７年には日中戦争が始まり、41年には太平洋戦争が勃発。戦況はどんどん悪くなり、軍部による思想統制や興行への介入は日を追って強くなりました。戦争末期、私が9歳か10歳時の父の公演で、今でも強烈に頭に残っている演目があります。それは、

「イ号潜水艦、浮上せず」

軍の命令で、押し付けられて演らされた舞台。父は主役の艦長。最後の場面、何かの理由で浮上できず、もう国のために役立たなくなった潜水艦のベッドに横たわり、「申し訳ございません」と艦長は自決する。最後の台詞は「天皇陛下、万歳！」。

「なんなんだ、これは」と頭がクラクラと混乱したことを、ハッキリと覚えています。

その後、連続した大空襲で大阪の劇場は全て焼けてしまい、数か月後には終戦。

私たち一家は、まさに着の身着のままで、乗れる者から順にバラバラで満員の夜行列

車に飛び乗り、なんとか全員が鎌倉にある母方の親戚宅に辿り着きました。

父は、座長は、本当に苦労した

しかし、終戦直後の東京は使える劇場はわずかで、父の一座が公演出来る場所などありません。「でも、地方へ行けば、戦争で焼けなかった芝居小屋が結構ある」。そう言われて、父の一座の果てしないドサ回りが始まりました。

まだ小学生だった私も駆り出されて、九州から東北まで、一緒に回ったんです。

私の仕事は主に二つで、一つは「先乗り」。劇団のマネージャー役の人と私が、一座より1日ずつ先へ行って、興行主と話して宿と部屋割り、楽屋割り、食事の手配とかを全部やる。それで一座が到着して幕が上がるころになると、次の公演地へと出発するんです。

先乗りの担当じゃないときは、小道具などの運搬係。荷造りや荷解きはもちろん、運べるものは全て自分たちが担いで客車に詰め込んでいました。貨車に載せると別料金がかかってしまいますからね。

当時、一番大変だったのは「食べること」。どこへ行っても食糧難の時代で、晩飯は握り飯一個と沢庵なんてのは当たり前。芋一個で終わりって時もある。客は来るのか、飯は食えるのか、とにかく行ってみないと何も分からない。

一年かけて全国を回って、ほんの少し家にいて、また一年間の旅巡業に出る。私は中学に上ってしばらくするまでの3年ほどですが、一座は4年以上、そんなドサ回りを続けました。

あの時代、父は本当に苦労したと思います。

座長はみんなを食べさせなきゃいけない。公演の翌朝、強面の興行主はキチンとお金を払ってくれるだろうか？　一人も倒れず次の公演地に着けるだろうか？

それだけじゃなくて、二十人も座員がいると、いろんなトラブルが起こります。役者同士が小道具の脇差を持って喧嘩したり、絡んできた地元の若い衆と揉めたり、二枚目役が地元のお嬢様に手を出して二人で消えてしまったり……。

すべて最後は、座長の責任なんです。

だから座長は、いつも隅々まで目配りしてなきゃいけない。しかも、戦後の大混乱の時代です。何があってもおかしくない時代でした。あの頃の私には見えないことも沢山あったでしょう。でも、今なら分かります。

父は本当に頑張った。

二代目市川小太夫、歌舞伎界に60代で再デビュー

1950年、松竹映画「左近捕り物帳　鮮血の手形」に誘われて出演したことをきっかけに、父は映画俳優に転身。元々なんでも演じられる器用な役者だったことから、すぐに引っ張りダコになり、特に「時代劇を演らせると天下一品」とまで言われたそうです。多い時は1年間に25本も出演していました。

ただ、父はキャラクター的に主役ではなく、敵役、あるいは主役の次の二番手役というタイプ。テレビ時代が来て映画界が斜陽になってくると、テレビ俳優にはなれなくて、だんだん仕事が減ってきました。

それでも15年ほど映画に出ていましたが、その後、6代目中村歌右衛門さんや7代目中村芝翫さんから「小太夫さん、戻ってきたら」と声をかけてもらい、歌舞伎界に復帰。

澤瀉屋一門に戻り、60代で再デビューしました。

歳は取っても、芝居に関することはとにかく勉強熱心。歌舞伎のことなら何でも知っている。そんな父は「小太夫さんに聞けば何でも分かる」「芸の細々とした部分まで、何でも教えてくれる」と重宝されたようです。

1975年に肝炎が肝硬変へと悪化して、最後は楽屋から病院へと運び込まれる状態でしたが、73歳まで、ずっと舞台に立ち続けました。

私の生まれついての立場

関西で育った子供のころ、父から「踊りを覚えろ」とか「歌舞伎役者になれ」と言われたことはありません。舞台では毎月主役を張り、さらには一座を切り盛りしていくだけで精一杯で、息子の稽古までは手が回らなかったのでしょう。

ところが、戦後、中学に入ってから「まず踊りをやってみろ」と言われて、チン、トン、シャンと、修行の真似事みたいなのが始まった。でも、どうせやるなら、もっと小さな5、6歳ころから体で覚えたほうが良いに決まってるんですよ。

後書きにかえて

しかも私はドサ回りにも同行して役者さんを身近で見てるから、自分が向いてないのは子供心にも分かる。嫌々やってるのを親も見抜く。才能がないのも分かったようで、半年もすると、うるさく言わなくなりました。

中学、高校時代はアルバイトに明け暮れて、自分の生活費は自分で稼ぎながら、学校にもそこそこ顔を出していました。でも、やはりそこはDNAなのか、演劇が大好きで、高校時代は演劇部を作り、全国大会に出て創作劇を上演したりしていました。

でも、それでも歌舞伎役者になろうとは、全く思わなかった。

私は、澤瀉屋一門の役者の家に、喜熨斗という苗字を持って生まれました。だから今でも「どうして歌舞伎役者にならなかったんですか?」と聞かれます。でも、持って生まれた条件、私の生まれついての立場は、歌舞伎の世界では常に”二流“なんです。どう見ても”一流“、トップではない。

私は、初代猿之助の「四男」の「次男」で、父親は関西歌舞伎に移り、その後は映画界に移って、一度は一門を離れている・・・。つまり、この世界では二流がいっぱい繋がっているだけであって、一流は一つもない。

そうすると、役者になった時に、どういう運命が待っているか。

父を身近で見てきました。次男、三男、二番手、脇役、そういう立場に置かれた人の苦労を見てきました。だから分かる。よほどの才能に恵まれていれば別ですが、歌舞伎の世界ではスタートの時点で、かなりの部分が決まってしまうんです。

私は、もちろん才能がないと自覚していたからでもありますが、10代で「歌舞伎役者にはならない」と決めました。

役者の目で見て、役者の頭で考える父

そんな私の気持ちを知ってか知らずか、父はまだ何か思うところがあったようで、私が19歳の時に映画のオーディションに黙って推薦したんです。

当時の私は、父の時代劇映画に端役で数回出ていたので、その時もアルバイト感覚で受けに行きました。そしたら父の推薦が効いたのか、通ってしまった。

映画のタイトルは「皇太子の花嫁」（１９５５年公開）。

後書きにかえて

「皇太子妃決定」までのスクープ合戦を題材にした映画で、主役のカメラマンを演じた高島忠夫さんのデビュー作品。皇太子妃候補役が、これも映画初出演の故・池内淳子さん。

私は皇太子にそっくりで、これも主役の女性記者を演じた島崎雪子さんに皇太子と間違われてインタビューされる役。芸名は若宮政彦。池内さんとは、それ以来55年間、友人として、また同じマスコミの仕事仲間として、お付き合いしていただきました。

それはともかく、この時感じたのは「私のような普通の男では、映画の世界もやはり無理だな」ってこと。高島忠夫さんはドーンと背が高くてスマート。横に並んで見上げると「あ、こりゃとてもじゃないけど、敵いません」てなりますよね。

父がどう考えていたか分かりませんが、それ以来私は、大学で学びながら自分なりの道を見つけることに専念しました。

そして数年。電通にいた先輩にアドバイスを貰うなどして、私はアナウンサーを目指すことを決心。勉強し準備をして、４年の時に文化放送の採用試験をアナウンサー職希望で受けた結果、なんとか合格。ところが、それを聞いた父が怒りました。

「お前は、なぜ歌舞伎を継がないのか」と。

でも、いまさらそんなことを言われても困る。私にすれば、「本気で継がせたいのなら、5、6歳ごろから徹底的に仕込めばよかったじゃないか。座長で忙しかったにせよ、どっちつかずに育てたくせに、冗談じゃない」ですよ。

その後7年間、ほとんど父と口をききませんでした。

朝、食堂で会ったりしても、お互いに新聞を読んだりして目を合わせない。ひと言でも口をきくと、そこから喧嘩になるので、「おお」とか「うん」とかしか言わない。

文化放送に入ってから7年後、私はフリーになってフジテレビの仕事に移りました。そのころ、本当に久しぶりに父が話しかけてきた。

「お前、何をやってるんだ?」

「だからアナウンサーですよ。司会進行したり、喋って盛り上げたり」

「アナウンサー?　アナウンサーなんてね、つまりは芝居の稽古の本読み(台本読み)みたいなもんでしょう」

父にしてみれば、私の話を聞いても、「芝居の本読み」だけで当時の年収が１００万ほどある息子の仕事が、「そんな楽なことで、なんで?」と腑に落ちない。「俺が歌舞伎で１００万稼ぐのは、どれだけ大変なことか」と。

私はそのやりとりで理解しました。なるほど、そういうことか。父は世の中の全てを役者の目で見て、役者の頭で考えている。だから、歌舞伎以外に何も知らない父に「私はこういう仕事がやりたくて、ここが大変なんです」とか「サラリーマンの仕事と生活は」とか説明しても分からない。「分かってくれ」と言うほうが無理なんだと。

すると、こんな言い方は偉そうに聞こえるかもしれませんが、父のことをとても愛おしく感じました。「こんな純粋な人に対して、自分は何を意地ばかり張って、突っ張っていたんだろう」と、なんだか申し訳なく、取り返しのつかない悪いことをしたような気持になりました。

父との最後の会話

それからは、父と私はお互いに目が覚めたというか、我を張ることがなくなった。わだかまりも、すべて氷解しました。その後、10年間ほど、何でも話せる良い"友人"でした。

そんなある時、父から「お前は良かったなあ」と言われたことがあります。

突然何を言い出すんだろうと思っていると、「お前はアナウンサーで良かったな」と。

そして、

「歌舞伎役者なんて、しょせん操り人形さ」とポツリ。

でも、決して自分の役者人生を卑下しているような表情ではありませんでした。たぶん、その頃少し悩んでいた私を励まそうとして、ああいう言い方をしたんだと思います。

亡くなる前の数か月、父は退院して自宅で過ごしました。

父との最後の会話は、ずっと胸に残っています。

「勝、お前、男として俺の人生をどう思う?」

急にそんなことを聞かれても、「素晴らしい役者人生だと、心から思います」なんて、親子の間では照れくさくて言えません。どうしようかと躊躇してから口にした私の言葉

は、

「いや、まあ、そこそこ、だったんじゃないですか」

もっと他に言いようがあっただろうと、今でも思います。でも、その時の父は、

「うん、そうか」と、少し嬉しそうでした。そして、遠くを見るような目をして、つぶやきました。

「ああ、夢だ、夢だ」


子供のころから父とは距離があって、ずっと突っ張って、反抗もしてきました。

でも最後の10年、仲良くなれて、本当に良かった。

「二代目市川小太夫　あなたは本当に**良い役者**でした……」

参考文献

『勘九郎日記「か」の字』中村勘九郎……集英社文庫
『坂東三津五郎　歌舞伎の愉しみ』坂東三津五郎・長谷部浩（編）……岩波書店
『團十郎復活』市川團十郎……文芸春秋
『市川染五郎と歌舞伎へ行こう！』市川染五郎……旬報社
『中村勘三郎　最後の131日』波野好江……集英社
『歌舞伎座の怪人』二代目中村獅童……講談社
『愛之助日和』片岡愛之助……光文社
『僕は亀次郎でした』四代目市川猿之助……集英社
『猿之助　修羅舞台』三代目市川猿之助……大和山出版社
『これは勘三郎からの恋文である』中村勘三郎……小学館
『中村屋三代　役者の青春』中村勘九郎……講談社
『市川染五郎 人生いろいろ染模様』市川染五郎……世界文化社
『八代目坂東三津五郎の食い放題』八代目坂東三津五郎……光文社
『夢平成の藤十郎誕生』坂田藤十郎・亀岡典子（聞）……淡交社

『新版 歌舞伎十八番』十二代目市川團十郎・服部幸雄（解）……世界文化社
『市川海老蔵』矢口由紀子・茂木健一郎（解）……講談社
『幸四郎的奇跡のはなし』松本幸四郎……東京新聞
『童の心で「歌舞伎と脳科学」』小泉英明・市川團十郎……工作舎
『二代目 聞き書き中村吉右衛門』小玉祥子……毎日新聞社
『俺が噂の左團次だ』四代目市川左團次……集英社
『市川中車 46歳の新参者』香川照之……講談社
『役者馬鹿』二代目中村鴈治郎……日本経済新聞社
『女形半世紀』河原崎国太郎……新日本出版社
『坂田藤十郎・扇千景 夫婦の履歴書』坂田藤十郎・扇千景……日本経済新聞社
『成田屋の食卓』堀越希実子……世界文化社
『銀婚式』三田寛子……中央公論新社
『市川團十郎』金沢康隆……青蛙房
『猿之助三代』小谷野敦……幻冬舎
『悲劇の名門 團十郎十二代』中川右介……文春新書
『海老蔵を見る 歌舞伎を見る』中川右介……毎日新聞出版
『歌舞伎座物語』中川右介……ＰＨＰ研究所

参考文献

『歌舞伎 家と血と藝』中川右介……講談社現代新書
『歌舞伎 百年百話』上村以和於……河出書房新社
『大江戸歌舞伎はこんなもの』橋本治……ちくま文庫
『團十郎と「勧進帳」』小坂井澄……講談社
『僕らの歌舞伎』葛西聖司……淡交社
『役者は勘九郎』関容子……文春文庫
『勘三郎伝説』関容子……文芸春秋
『歌右衛門 合せ鏡』関容子……文芸春秋
『舞台の神に愛される男たち』関容子……講談社
『観劇偶評』三木竹二（著）・渡辺保（編）……岩波文庫
『歌舞伎「型」の魅力』渡辺保……角川文庫
『黙阿弥の明治維新』渡辺保……新潮社
『一日江戸人』杉浦日向子……新潮文庫
『歌舞伎座の快人』松島奈巳……淡交社
『歌舞伎歳時記 ちょっと芝居を愉しみませんか』俵良裕……かもがわ出版
『平成歌舞伎委員会』塚田圭一……扶桑社
『歌舞伎への招待』戸板康二……岩波現代文庫

『元禄小袖からミニ・スカートまで』戸板康二……サンケイ出版社出版局
『歌舞伎の解剖図鑑』辻和子……エクスナレッジ
『恋するＫＡＢＵＫＩ　とってもおしゃれな歌舞伎ワンダーランド』辻和子……実業之日本社
『ミーハー歌舞伎』田口章子・寺門孝之……東京書籍
『カラーブックス 歌舞伎のみかた』吉田千秋……保育社
『古典文学アルバム 歌舞伎』古井戸秀夫・河野多恵子……新潮社
『きのね』上・下　宮尾登美子……新潮文庫
『出雲の阿国』上・中・下　有吉佐和子……中央公論新社
『猿若の舞・初代勘三郎』東郷隆……新潮社
『映画渡世・天の巻』『映画渡世・地の巻』　マキノ雅弘……平凡社
『歌舞伎大道具師』釘町久磨次……青土社
『舞うひと』草刈民代……淡交社
『画報 風俗史』（１９６０・10）……国際文化情報社
『和楽』１７６号「歌舞伎は面白い」……小学館
『東京人』（２００９・７）「特集 江戸城大奥」……都市出版
『シリーズ歌舞伎 勧進帳・紅葉狩』……小学館ＤＶＤ
『歌舞伎と吉原』郡司正勝……淡路書房

参考文献

『吉原夜話』喜熨斗古登子・宮内好太朗（編）――青蛙房
『昭和史・戦後篇』半藤一利――平凡社
『本郷座の時代』文京ふるさと歴史館（編）――文京区教育委員会
『江戸の暮らしがもっとわかる歌舞伎案内』民井雅弘・小田真理子・萩原さちこ――洋泉社
『戦後歌舞伎の精神史』渡辺保――講談社
『かぶき入門』郡司正勝――牧羊社
『歌舞伎の森』馬場順――皆美社
『はじめての歌舞伎』葛西聖司・小野幸恵・北浦敬子――学研パブリッシング
『歌舞伎 家・人・芸』織田紘二（監修）――淡交社
『歌舞伎はこう見ろ！』快楽亭ブラック――彩流社
『歌舞伎大向細見』中條嘉昭――北辰堂出版
『芝居見物五十年 喜寿の竹』斉藤竹治――花道
『日本の伝統5 歌舞伎』ドナルド・キーン 戸板康二――淡交新社
『ドナルド・キーン著作集 第六巻 能・文楽・歌舞伎』――新潮社
『Newsweek』（2013・5・14）「歌舞伎新時代 市川海老蔵」――阪急コミュニケーションズ
『AERA』（2018・10・15）「中村勘九郎×七之助」――朝日新聞出版
『歌舞伎ハンドブック 第3版』藤田洋――三省堂

『近世劇壇史・歌舞伎座篇』木村錦花……中央公論社
『歌舞伎 伝統の美』監修・河竹登志夫……立風書房
『増補版 歌舞伎手帖』渡辺保……角川ソフィア文庫
『歌舞伎辞典』服部幸雄・富田鉄之助・廣末保（編）……平凡社
『図説 日本の古典20 歌舞伎十八番』郡司正勝・小林忠・西山松之助（編）……集英社
『演劇界』第四巻第四号（昭和21年5月発行）
『演劇界』第十二巻第八号（昭和29年8月発行）
『演劇界』第十四巻第三号（昭和31年3月発行）……（有）日本演劇社（演劇出版社）
『演藝画報』昭和15年一月号・三月号
『演藝画報』昭和17年三月号・十一月号
『演藝画報』昭和18年四月号……演藝画報社
『かぶき手帳』（各年度版）……公益社団法人 日本俳優協会・松竹株式会社・一般社団法人 伝統歌舞伎保存会
『ほうおう』（通算450号・各号）……松竹株式会社 演芸本部
『公演 筋書』（パンフレット）……歌舞伎座・松竹演芸営業部筋書編集室
『歌舞伎公演 解説書』（各冊）……独立行政法人 日本芸術文化振興会・国立劇場営業部 編集企画室
『市川海老蔵 第一回自主公演 ＡＢＫＡＩ パンフレット』……株式会社幸助
『赤い城 黒い砂 公演パンフレット』……京都四条 南座・日生劇場

喜熨斗 勝（きのし まさる）

1935年10月3日、神奈川県鎌倉市生まれ。父は歌舞伎役者・二代目市川小太夫。伯父は初代市川猿翁（先々代猿之助）。当時、世は第二次世界大戦中であったため、歌舞伎役者としての基礎的修行が出来ず、独学で新劇俳優を目指す。

鎌倉学園中学・高等学校在学中は演劇部発足に参加し、6年間、専ら部活動に没頭。放課後は「劇団 民芸」の演出家・松尾哲次氏の研究会で、演出と演技を学ぶ。明治大学・演劇学科に入学し木下順二、大木直太郎先生らの指導の下、劇団活動に専念。

卒業後は「文化放送」に入社し、アナウンサーとして活躍。1963年にフリーに転身後は、フジテレビ「3時のあなた」の司会を務める。その他に「ちょっと奥さま」「ドキュメンタリー『青春』」「この人の魅力」など数多くの番組の司会・ナレーターを担当。

1990年代に入り、東京都文京区で自治体が経営するケーブルＴＶに開局から参加。番組制作者として数多くの番組を制作する。同僚であったディレクターの推挙でワイドショウにゲスト出演したのがきっかけとなり、幼少のころの「歌舞伎の家」での経験を土台にＴＶでの発言機会が増える。

“歌舞伎研究家”というのは、そんなＴＶ製作者が付けた呼称で、本人は「面映ゆく」感じているという。

歌舞伎《かぶき》 芸《げい》と血筋《ちすじ》の熱《あつ》い裏側《うらがわ》

2018年12月10日　第1刷発行

著　者 —— 喜熨斗《きのし》 勝《まさる》

発行者 —— 川端下誠 / 峰岸延也

編集発行 —— 株式会社　講談社ビーシー

〒112-0013 東京都文京区音羽 1-2-2

電話 03-3943-6559（書籍出版部）

発売発行 —— 株式会社　講談社

〒112-8001 東京都文京区音羽 2-12-21

電話 03-5395-4415（販売）

電話 03-5395-3615（業務）

印刷所 —— 豊国印刷株式会社

製本所 —— 牧製本印刷株式会社

本書のコピー、スキャン、デジタル化等の無断複製は著作権法上での例外を除き、禁じられています。本書を代行業者等の第三者に依頼してスキャンやデジタル化することはたとえ個人や家庭内の利用でも著作権法違反です。

落丁本、乱丁本は購入書店を明記のうえ、講談社業務宛にお送りください。送料は小社負担にてお取り替えいたします。

なお、この本についてのお問い合わせは、講談社ビーシー書籍出版部までお願いいたします。

定価はカバーに表示してあります。

ISBN 978-4-06-220939-7

©Masaru Kinoshi 2018

Printed in Japan